N & K

KOLLEKTION

NAGEL & KIMCHE

Herausgegeben
von Peter von Matt

ELLA MAILLART

Im Land der Sherpas

Herausgegeben und mit Anmerkungen
von Pierre-François Mettan

Aus dem Französischen
von Andrea Spingler

Mit einem Vorwort
von Denis Bertholet

und

einem Nachwort
von Felicitas Hoppe

Nagel & Kimche

Der Verlag dankt

ch REIHE
Literatur aus der Schweiz
in Übersetzung

Dieses Buch erscheint mit Unterstützung der ch Stiftung für eidgenössische Zusammenarbeit dank der Beteiligung aller 26 Kantone.

Zudem:

schweizer kulturstiftung
prohelvetia

Le Canton du Valais encourage la culture
Der Kanton Wallis fördert Kultur

FONDATION OERTLI STIFTUNG

FONDATION JAN MICHALSKI POUR L'ECRITURE ET LA LITTERATURE

Titel der Originalausgabe: *Au pays des Sherpas*

1. Auflage 2018

Satz: Der Buch*macher* Arthur Lenner, Windach
Umschlag: Hauptmann & Kompanie, Zürich,
unter Verwendung von Fotos von © Image Source/Getty Images
und © plainpicture/Mato/Francesco Tremolada
Druck und Bindung: Friedrich Pustet, Regensburg
ISBN 978-3-312-01092-9
Printed in Germany

MIX
Papier aus verantwortungsvollen Quellen
FSC® C014889
FSC www.fsc.org

INHALT

VORWORT

Namaste, tachi delek,
grüßen die Nepalesen und sogar die Sherpas. Doch untereinander und nur untereinander sagen die Sherpas des Khumbu-Tals thangbu.

Daran erkennt man die «echten» Sherpas im Unterschied zu denen, die sich als solche ausgeben, obgleich sie Tibeter sind oder einer anderen nepalesischen Ethnie angehören.

Liebe Ella,

du hast Nepal kennengelernt, sobald es für ausländische Touristen geöffnet wurde, vor allem das Melamchi-Tal nördlich von Kathmandu. Diejenigen, die ich die «echten» nenne, die sich in der ganzen Welt einen Namen gemacht haben, das sind die Sherpas, die Alpinisten auf die großen Gipfel des Himalaya begleiten. Und fast alle stammen aus dem Distrikt Solu-Khumbu.

Die Sherpas sind Osttibeter. «Osten» heißt im Tibetischen shar, *was die Sherpas aber wie* sher *aussprechen. Ihre Sprache ist ein tibetischer Dialekt, wie Nepali ein Dialekt des Hindi ist, und variiert von einem Tal zum andern, von einer Ethnie zur andern. Die Sherpas sind fröhliche Leute und nehmen das Leben von der guten Seite, immer zu einem Scherz aufgelegt und zum Lachen, auch über Späße, die auf ihre Kosten gehen. Sie sind aber ebenso, Frauen wie Männer, ernsthafte Menschen, auf die man sich verlassen kann. Als Buddhisten glauben sie an die Wiedergeburt. Und um in einem besseren Leben wiedergeboren zu werden, muss man für die anderen da sein und Pluspunkte sammeln, indem man sein Mitgefühl zeigt.*

1954 hatten alle Europäer einen Sherpa als persönlichen Diener zur Verfügung. In einem Sturm auf 7.300 m Höhe, der so heftig blies, dass es schon eine Leistung war, sich auf den Beinen zu halten, weigerte sich mein Sherpa Tzong, bei Raymond Lambert, unserem Expeditionsführer, zu bleiben, und sagte zu mir: «Mit dir will ich gern sterben, wenn du aufsteigen willst, aber nicht mit den andern.» Raymond war der Ansicht, dass wir warten und in der Höhle von Lager 4 Schutz suchen sollten, wo wir geschlafen hatten. Wir könnten versuchen, am nächsten Tag zu klettern, wenn der Wind nachließe. Ich war von Lager 2 in einer einzigen Etappe aufgestiegen und schlug vor, wieder hinabzusteigen, um Platz zu machen und Butangas und Vorräte zu sparen. Tzong, stets sehr ergeben, wollte mit mir absteigen. Mir kamen die Tränen bei seiner Bemerkung, und ich fragte mich, warum will er mit mir sterben und nicht mit den anderen Expeditionsmitgliedern? In Kathmandu war er nämlich erst in letzter Minute engagiert worden. Raymond hatte für mich als Fotografen keinen Sherpa-Helfer vorgesehen, und es gab nicht genug Kleidung für die große Höhe. Ich hatte also meine Ausrüstung mit Tzong geteilt, daher seine Ergebenheit. Außerdem war er, auf über 6.000 m Höhe, der stärkste der Sherpas. Er wohnte im Dorf Khumjung, 3.800 m hoch, und war erst vor kurzem nach Kathmandu gekommen. Die anderen Sherpas wohnten alle seit langen Jahren in Darjeeling und hatten mehr Mühe, sich der großen Höhe anzupassen.

Im Melamchi-Tal, Helambu genannt, waren die Häuser gepflegter und sauberer als in den Tälern von Solu-Khumbu. Der Grund dafür ist sicherlich die Nähe der drei Städte in der Ebene von Kathmandu. Außerdem unterscheidet sich der Dialekt dieser Region von dem der Dörfer im Distrikt Solu-Khumbu. All diese Dialekte sind eng verwandt, und je höher man steigt, desto mehr vermischen sie sich mit der tibetischen Sprache. Im Helambu liegen die Dörfer zwischen 2.000 und 3.000 m hoch, genauso im Solu und im Pharak. Aber im Sar-Khumbu befinden sich die Dörfer auf 3.400 m (Namche Bazar) bis 4.200 m Höhe (Dingboche oder Pheriche). Je höher man kommt, desto härter und mühseliger wird das Leben der Bergbauern. Aus diesem Grund sind die jungen Sherpas damals nach Darjeeling ausgewandert, als die Teeplantagen Arbeit boten. Später haben die Engländer und dann die Deutschen für die großen Expeditionen Träger engagiert, Tibeter und Sherpas, die sich als die besten erwiesen haben. Die Sherpas sind die gewandteren Bergsteiger und fürchten sich weniger vor steilen Hängen. Außerdem haben sie ein entspannteres Verhältnis zu den bösen Dämonen, den Schutzgeistern der Gottheiten, die auf den hohen Gipfeln wohnen.

Ella, wir beide haben eine große Abenteuerlust geteilt, diese Lust hat uns verbunden. Du wolltest anderen Menschen begegnen, die wir nicht kannten, ich wollte neue Berge entdecken. Dann liebte ich, wie du, die Menschen, die diese Berge bewohnten, und du die Berge und die Gläubigkeit, die in ihnen beheimatet waren.

Denis Bertholet
Orsières, September 2016

Denis Bertholet, geboren 1929, besuchte Nepal zum ersten Mal 1954 mit Raymond Lambert, der ihn für die Expedition zum Cho Oyu als Fotografen gewonnen hatte. Er machte Karriere als Führer und Fotograf und reiste wiederholt nach Nepal; er heiratete eine Sherpani und spricht ein wenig Nepali und Sherpa. Er ist der Autor mehrerer Bücher und Filme über Skifahren und Bergsteigen und der Gründer von Luklass, einem Verein zur Förderung des Schulunterrichts für Kinder und der nachhaltigen Entwicklung im Khumbu-Tal. Dank des Vereins gehen heute 700 Kinder in die Schule. Ella Maillart hat er gut gekannt und ist oft mit ihr Ski gefahren.

Sehenswert ist der Film von Jean-Henry Papilloud und Sophia Cantinotti: *Denis Bertholet, des traces dans la montagne,* Société d'histoire du Valais, 2013.

EINFÜHRUNG

Die unbekannten Welten des inneren Lebens

«Ich bin überall auf der Suche nach dem Geheimnis solch aufrechter Menschen, für die ein klarer Himmel genügt, um sie glücklich zu machen. Nur eine Rückkehr zu ihrer Lebensweise kann uns aus der Sackgasse herausbringen, in der wir herumstolpern.»

(Ella Maillart, *Des monts célestes aux sables rouges,* 1934; dt. *Turkestan Solo*)

Auf der ersten Seite eines Notizbuchs schreibt Ella Maillart am 25. April 1947 in Lyon, auf dem Weg nach Marokko:

> Werde ich mich zwingen aufzuschreiben, was mir auffällt? Außen und innen? Und warum: Vielleicht ein Anhaltspunkt, wenn ich später die Spuren einer Entwicklung suche? Oder um wieder Französisch zu lernen?
> Violettes Dickicht vom Zug aus gesehen: Die Rispen des Flieders richten sich auf, die Trauben der Glyzinien hängen herab, eine Überfülle an Gaben. Die Vegetation ist weiter als in Genf, die hellgelben Platanen sind das Bindeglied zwischen dem Perlgrün der Hügel und dem Perlblau des Himmels. Beide wie neugeboren: Ich habe schon lange keinen europäischen Frühling mehr gesehen. Welche Anmut, welches Lächeln der Erde.
> Ich bin noch nie mit so weitgehender Gelassenheit auf Reisen gegangen – mir gegenüber und dem gegenüber,

> was ich sehen werde. Keine Sorge, keine Angst, kein Wunsch: Alles ist ein Geschenk für mich, jeder Augenblick ist ein Geschenk für mich (einziges geheimes! Bestreben: einmal einen Winkel zu haben, wo ich meine Unterlagen geordnet zurücklassen, hinterlassen kann …).

Später, im Januar 1951, als sie nach Indien und Nepal aufbricht:

> Not yet in me the desire to pour on paper in perfect prose what goes past. But a few catchwords to help remembrance, in case of need.[1]

«Anhaltspunkt», «Spuren»: Wenn sie über ihre schriftstellerische Arbeit spricht, verwendet Ella Maillart das Vokabular der Forschungsreisenden, hin- und hergerissen zwischen dem Bemühen, das «Geschenk», das ihr die Welt bietet, in seiner Fülle zu erleben, und dem «geheimen» Vorhaben, ihre Erinnerungen rational zu organisieren. So wechselt sie im Bemühen, die Arbeit der «remembrance» zu erleichtern, in ihren Notizbüchern ganz spontan von einer Sprache in die andere. Die «Spuren» ihrer Reise nach Nepal 1951 hat Ella Maillart «ordentlich» und minutiös festgehalten: außer im Notizbuch, in dem sie den Augenblick einfangen wollte, in dem in zwei Sprachen verfassten *The Land of the Sherpas /*

---

1 Fonds Ella Maillard, Bibliothèque de Genève (BGE), Carnet XIV und XV (Ms.fr. 7109/1–2). (dt. «In mir noch nicht der Wunsch, in vollendeter Prosa zu Papier zu bringen, was vor sich geht. Aber ein paar Stichworte, um der Erinnerung notfalls nachzuhelfen.»)

Au pays des Sherpas; in einem Artikel für das seriöse *Himalayan Journal*;[2] in Broterwerbsartikeln für Schweizer Zeitschriften wie *L'Illustré*; in einem Film, *Seule au Népal*, und in über tausend Fotos. Heute sind ihre «Unterlagen» geordnet, einsortiert in zwei reichhaltige Archive in der Bibliothek von Genf und im Musée de l'Élysée in Lausanne, aber ihr Plan, *Au pays des Sherpas* auf Französisch zu veröffentlichen, ließ sich zu ihren Lebzeiten nicht verwirklichen.

Ein Fenster öffnet sich

Dass dieses Buch geschrieben wurde, ist ebenso sehr zufälligen Umständen zu verdanken wie einer Notwendigkeit, die sich aus dem Zusammenhang des Werks ergibt.

Nach dem Krieg erschüttern zahlreiche Umwälzungen das südwestliche Asien: Indien erlangt 1947 seine Unabhängigkeit, Tibet wird 1950 von China annektiert, und Nepal, das über hundert Jahre lang von jeglichem fremden Einfluss abgeschnitten war, öffnet sich 1951 der westlichen Welt in einem bedrückenden politischen Klima – es ist der Beginn des Kalten Kriegs. Nepal zählt auf den Beistand Indiens, das den Sturz der Rana-Dynastie durch König Tribhuvan befördern will.

Das sich öffnende Fenster stößt in der westlichen Welt auf großes Interesse, umso mehr, als China sich abschot-

---

2 Der Artikel aus *The Himalayan Journal* («To the Gosainkund», Vol. 17, 1952, online) erschien auf Deutsch unter dem Titel «Reise zum Gosainkund» in *Berge der Welt*, Bd. 8, 1953, hg. Schweizerische Stiftung für Alpine Forschung, München/Wien 1953.

tet. Die Bergsteiger des britischen Alpine Club und des Schweizer Alpen-Clubs sind Konkurrenten bei der ersten Everest-Besteigung – Ella Maillart ist gut bekannt mit dem Genfer Raymond Lambert, der 1952 weniger als dreihundert Meter vom Gipfel entfernt aufgeben wird. Sie begegnet Eric Shipton und liest seine Bücher ebenso wie die der «Giganten» des Himalaya, John Hunt und Bill Tilman. Sie interessiert sich jedoch mehr für die Beziehungen, die sie zu den Sherpas geknüpft haben, als für ihre Heldentaten – diesbezüglich genossen die Schweizer hohes Ansehen in Nepal. Der Enkel des berühmten Sherpa Tenzing Norgay, dessen «gewinnenden Charme» Ella Maillart erwähnt, beschreibt dieses Verhältnis: «Wie die Sherpas waren sie [die Schweizer] in den Bergen zuhause. Sie hatten keine kolonialistische Vergangenheit im Fernen Osten, und deshalb spielte Politik überhaupt keine Rolle. Außerdem betrachteten die Schweizer die Einheimischen als Gleichgestellte und behandelten sie auch entsprechend.»[3]

Ella Maillart profitiert auch von einem neuen Interesse Nepals an der Wissenschaft: «Wissenschaftler aller Art sind bereits in die Fußstapfen der Alpinisten getreten.»[4] Die nepalesische Regierung, bemüht, den Ehrgeiz der Bergsteiger zu bremsen, unterstützte in der Tat die wissenschaftlichen Expeditionen: Geographen, Botaniker, Ornithologen, Ethnologen wurden mit offenen Armen empfangen, wahrscheinlich weil

---

3 Judy und Tashi Tenzing, *Im Schatten des Everest. Die Geschichte der Sherpa*, aus dem Englischen von Thomas Bauer, München, Frederking und Thaler, 2003.

4 Zitate ohne weiteren Nachweis sind entnommen aus *Im Land der Sherpas*.

man sie der Bevölkerung und den Orten gegenüber respektvoller fand – die Berge sind den Nepalesen heilig.[5] So wird der berühmte Bergsteiger Tilman am Langtang Lirung von einem Ornithologen und einem Geographen begleitet. Auch bei dieser «Entdeckung» Nepals spielt die Schweiz eine sehr aktive Rolle: Außer der Schweizerischen Stiftung für Alpine Forschung in Zürich finanzieren der Kanton und die Stadt Genf die Himalaya-Expeditionen Raymond Lamberts sowie die Reise der Leiterin des Musée d'ethnographie, Marguerite Lobsiger-Dellenbach; diese bringt eine Sammlung originaler Gegenstände aus Nepal mit, die in einer Ausstellung und einem Katalog präsentiert wird.[6]

Die Umstände sind also günstig für Ella Maillart. Nach fünf Reisen durch Zentralasien unternimmt sie 1951 ihre letzte große Forschungsexpedition, diesmal aber ist die Zielsetzung viel bescheidener: Es geht darum, ein kleines Land zu entdecken, das sich gerade erst der Welt öffnet und in das sie sich einschmuggelt wie ein blinder Passagier, um ein «lebendiges Museum» zu besichtigen, heilige Gegenden, die noch kein westlicher Forscher betreten hat – und

---

5 Zum historischen Kontext siehe das Kapitel «Nepal's opening to the World» in dem umfassenden Buch von Maurice Isserman und Stewart Weaver, *Fallen Giants, A History of Himalayan Mountaineering from the Age of Empire to the Age of Extremes*, New Haven/London, Yale University Press, 2008, S. 238–241.

6 Marguerite Lobsiger-Dellenbach, *Népal. Catalogue de la collection d'ethnographie népalaise*, Musée d'ethnographie, Genf 1954; siehe auch: Marguerite Lobsiger-Dellenbach, Augustin Lombard, Albert Zimmermann, *Himalaya du Népal. Mission scientifique genevoise*, Genf/Paris, Jeheber, 1952.

schon gar keine Frau. Sie trifft im Januar in Genf und im April in Delhi den Pandit Nehru, den sie bittet, ihr den Weg nach Nepal zu ebnen; unter dem Einfluss des großen Nachbarn wird ihr die nepalesische Regierung einen Führer und Dolmetscher zur Verfügung stellen, der sich in der Region gut auskennt. Nehru ist damals auf dem Gipfel seiner Popularität; Sympathie und gegenseitige Bewunderung erleichtern die Verhandlungen.[7] Im Mai landet das Flugzeug in Kathmandu auf einem ganz neu in Betrieb genommenen Flugplatz; wegen der politischen Spannungen muss sie darauf verzichten, Tibet zu besuchen, und begnügt sich mit dem fünf Tagesmärsche von Kathmandu entfernten Melamchi-Tal. Im Zentrum ihrer Reise steht der heilige See Gosainkund, der in der Mitte des Buchs beschrieben wird und den sie nach einem schwierigen Aufstieg erreicht – bezeichnenderweise endet die erste Bilderserie mit dem Foto des heiligen Sees, «Ziel und Krönung der Pilgerfahrt» (Nr. 30). Ein weiterer Höhepunkt ist der Schluss des Buchs, die Beschreibung von Swayambhu auf einem Hügel über Kathmandu mit der Szene des Hindus, der der Welt entsagt hat und den «tiefster Frieden umgibt». Das Foto des auf dem Wasser liegenden Vishnu schließt die zweite Serie ab (Nr. 65). Der Leser wird merken, dass er es mit einem bewusst komponierten Buch zu tun hat, einem Diptychon, das von einer starken Beziehung zwischen Text und Bild

---

7 Ella Maillart hatte das Privileg, auf der Durchreise in Delhi Nehru zu interviewen («Nehru chez lui», *L'Illustré*, 29. November 1951, S. 6–7, online auf der Website scriptorium.bcu-lausanne.ch); siehe auch Bernard Imhasly, «An Indo-Swiss Friendship. Ella Maillart and Jawaharlal Nehru», *Friendship in Diversity: Sixty Years of Indo-Swiss Relations*, Hyderabad, University Press, 2008, S. 122.

lebt und einen Weg beschreibt, der von der Peripherie ins Zentrum führt. Bei mehreren Gelegenheiten erinnert Ella Maillart daran, dass sie eine Erfahrung im «Herzen» Asiens macht und ihre Sinnsuche nicht vergeblich ist. Im Lauf der Lektüre ändert sich die Perspektive: Im ersten Teil steht die ethnologische Forschung im Vordergrund, der Beobachter tritt zurück, die Gegenstände und Bräuche werden sorgfältig von *außen* beschrieben, unter Verwendung der von den Einheimischen benutzten Begriffe. Nach dem Erlebnis des Aufstiegs zum See geht der Blick nach *innen*, insbesondere zu den religiösen Riten und den kulturellen Prägungen; die Reisende gibt die Neutralität auf und bringt sich mehr ein, findet ihren Platz in einem Land, dem Ort einer möglichen Harmonie zwischen Individuum und Gemeinschaft, zwischen *Natur* und *Kultur*.

Im Land der Sherpas ist das letzte Buch Ella Maillarts. Es bildet somit den Schlusspunkt eines Werks und gleichermaßen den Fluchtpunkt, auf den alle ihre Bücher zulaufen.

Um diese neue Orientierung zu verstehen, müssen wir auf die Bücher der Zwischenkriegszeit zurückblicken. In mancher Hinsicht fühlt man sich dabei an die amerikanischen Autoren der *Lost Generation* erinnert: Ella Maillart sucht sich gefährliche Reisen aus, flieht ein Europa ohne Orient, häuft Heldentaten an, so wie andere die Flucht ins Vergnügen der Goldenen Zwanzigerjahre gewählt haben. Das letzte Buch dieser Periode, *Der bittere Weg*, stellt auf dramatische Weise die Sinnfrage. Die Reise mit Annemarie Schwarzenbach war ein Desaster, das Ella Maillart zutiefst erschüttert hat. Am Ende des Abenteuers stehen ungeheure Enttäuschung und Schuldgefühle angesichts des Verfalls einer Drogenabhängigen.

Von dieser Erfahrung gezeichnet, beschließt Ella Maillart, nicht nach Europa zurückzukehren, das sich im Krieg befindet; sie reist von Afghanistan nach Südindien und verbringt dort fünf Jahre, in denen sie sich bei dem Weisen Ramana Maharshi auf eine entscheidende menschliche und spirituelle Erfahrung einlässt. Das Buch, das von dieser Zeit berichtet, *Ti-Puss. Geliebte Seidenpfote*, ist das erstaunlichste, das Ella Maillart geschrieben hat; es handelt nur nebenbei von der spirituellen Erfahrung. Der eilige Leser wird höchstens den anekdotischen Reisebericht über die Suche nach einer entlaufenen Katze darin sehen, allenfalls eine Tiergeschichte. Mit diesem wunderbar humorvollen Werk einer großartigen Schriftstellerin sind wir meilenweit entfernt von den existentiellen Fragestellungen in *Der bittere Weg*! Die Katze, in deren Namen sich die Sprachen kreuzen, Symbol der bürgerlichen Behaglichkeit, wird zum Mittler, der die innere Verwandlung, das Erlernen der Liebe, des Loslassens und die Wiederaneignung der Wirklichkeit ermöglicht. *Leben ohne Rast – Eine Frau fährt durch die Welt* zieht die Bilanz der großen Reisen durch Zentralasien, aber auch, im 1951 hinzugefügten Schlusskapitel, der Erfahrungen in Südindien: Schluss mit den Abenteuern, mit den irrsinnigen Risiken, die man eingeht, um neue Wege zu entdecken, mit dem Aktivismus und der Eroberung. Jetzt hält die Reisende inne, um «den Frieden in uns» und «die unbekannten Welten des eigenen Geistes» zu entdecken. *Im Land der Sherpas* ist von dieser Suche geprägt: An zentraler Stelle befinden sich Zitate aus heiligen Büchern des tibetischen Buddhismus, darunter das Lied von Milarepa, die Beschreibung der Riten und der Wille, «weit weg von unserem unstillbaren Tatendurst» das Wesentliche zu finden. Die Autorin stellt fest, dass die Sherpas nicht «kompliziert» und «gespalten» sind wie die Menschen des Westens, und erinnert daran, dass «es wichtigere Dinge gibt als die materiellen Bedürfnisse des Lebens».

Philosophie der Reise

In einem dichten, aber wenig bekannten Text, «Warum ich reise», kommt Ella Maillart auf den Bruch in ihrem Leben zurück, der sich 1940 in dem Moment ereignet, als sie merkt, dass ihre vorherigen Reisen nach Asien nur ein unbehagliches Gefühl in ihr zurückgelassen hatten:

> Viermal machte ich mich auf nach Zentralasien – ich konnte mich einfach nicht in Europa niederlassen –, jedes Mal fand ich am anderen Ende der Reise nur meine eigene Unzufriedenheit, die all meine Eindrücke verfälschte. Jedes Mal hinderten mich auch regionale Unruhen an längeren Aufenthalten in der Tatarei, und so landete ich 1940 gezwungenermaßen in Südindien. Dort entdeckte ich, was ich gesucht hatte, aber nicht hatte benennen können, bevor ich mich ihm näherte.

Die Autorin überbringt eine humanistische Botschaft: Reisen entwickelt unseren Sinn für Solidarität und für das Universelle:

> Ich sah auf meinen Reisen zunächst mal nur Essstäbchen, Turbane, Holzsättel, fermentierte Stutenmilch; und alles wurde pflichtgetreu in meinen Büchern notiert. Inzwischen notiere ich viel lieber, was das Verbindende

> oder den gemeinsamen Hintergrund allen Denkens betont; und ich möchte immer wieder unterstreichen, dass die Sprache, die aus dem Herzen kommt, auf allen Breitengraden die gleiche ist.[8]

Ella Maillart bricht mit einem simplen Plan nach Nepal auf: das Leben der Walliser Dörfer und das der nepalesischen Dörfer zu vergleichen. 1946 hatte sie sich in Chandolin niedergelassen, einem der höchsten bewohnten Dörfer Europas – das ist ihre Art, Abstand zu nehmen von den Städten und der Moderne. «Das Dorf in den Bergen» hat die Künstler fasziniert, zuerst den Maler Edmond Bille, dann die Schriftsteller Charles Ferdinand Ramuz und S. Corinna Bille, aber auch einen Ethnologen wie Willy Gyr, weil der Ort abgelegen und schwer zu erreichen war und weil er seine Traditionen bewahrt hatte.[9] In Nepal findet Ella

---

8 Ella Maillart, «Warum ich reise», in *Turkestan Solo*, aus dem Französischen von Hans Reisiger, München, Frederking und Thaler, 2001, S. 11 und 23.
Der Fonds Maillart besitzt ein Manuskript des englischen Textes «My Philosophy of Travel» mit dem handschriftlichen Hinweis «für Nic». Ella Maillart begegnet Nicolas Bouvier 1952. Dieser, in voller Übereinstimmung mit dieser «Reisephilosophie», bringt ihr als Person wie als Schriftstellerin anhaltende Bewunderung entgegen (Nicolas Bouvier, *Lob der Reiselust*, Basel, Lenos, 2007).

9 Edmond Bille macht Charles Ferdinand Ramuz mit Chandolin bekannt und schlägt ihm eine Zusammenarbeit vor, aus der 1908 das illustrierte Buch *Das Dorf in den Bergen* (dt. 1942 und 1984) hervorgeht. Die Arbeiten des Zürcher Ethnologen Willy Gyr (1913–1990), Ergebnis jahrzehntelanger Feldforschung, sind veröffentlicht in *Le Val d'Anniviers: vie traditionelle et culture matérielle basées sur le patois de Saint-Luc*, Basel/Tübingen, Francke Verlag, 1994.

Maillart wieder, was sie aus dem Val d'Anniviers kennt: das Nomadentum, den Solidaritätssinn, das kollektive Leben im Hochgebirge, aber auch die Bedeutung der Viehzucht und den Wert der Butter, dieses «kostbaren Nahrungsmittels», die Methode, das Fleisch zu trocknen, und sogar die Art, das stille Örtchen instand zu halten! Bei anderer Gelegenheit bezeugt sie ihr Interesse für Masken, angeregt von dem, was sie über die Traditionen eines anderen Walliser Tals weiß, des Lötschentals. Maillart zieht Verbindungen zwischen all den Bergvölkern, die sie kennengelernt hat. Sie stellt fest, dass das Bäurische und die Kargheit den menschlichen Qualitäten nicht entgegenstehen: «Ich habe gesehen, dass die Hunzukuts, die Swanen und die Kirghisen genauso tapfer und würdig sind wie die Sherpas.»

Es ist ihr bewusst, dass sie «in einem ernsten Augenblick der Geschichte Nepals» im Herzen Asiens lebt, und sie weiß, dass all diese Gesellschaften bedroht, durch Ideologien von außen geschwächt sind. Ella Maillart, die den russischen Kommunismus schon 1930 aus der Nähe kennengelernt hat, beobachtet reserviert und besorgt den Druck der Chinesen in Nordnepal, genauso vorsichtig aber die Annäherungsversuche des demokratischen und parlamentarischen Indien. Sie erkennt, dass sie «das Ende der bäuerlichen Kultur»[10] erlebt. Was sie über das Land der Sherpas sagt, hätte sie auch aufs Wallis münzen können, das in den fünfziger

---

10 «La fin de la civilisation paysanne» lautet die Überschrift des von dem Tierfotografen René-Pierre Bille verfassten Kapitels in *L'aventure de Chandolin*, Lausanne, Éditions 24 Heures, 1983; das Buch enthält auch Texte von S. Corinna Bille, Edmond Bille und Maurice Chappaz.

Jahren eine tiefe Veränderung durchmacht: «Ein völlig ‹anderes› Land! Es lebt noch wie im Mittelalter, hat seine Grenzen gerade erst geöffnet.»

Ella Maillart war nicht die erste Schriftstellerin, die einen Zusammenhang zwischen ihrer Wahlheimat und den hohen Bergen des Himalaya hergestellt hat. Der Vergleich zwischen dem Wallis und Tibet stammt von Edmond Bille, der Ella Maillart sein Chalet zur Verfügung gestellt hatte, als sie sich in Chandolin niederließ. Das Exil des Neuchâteller Malers und seine faszinierte Entdeckung eines «anderen» Wallis geht auf das Jahr 1899 zurück. Er berichtet von seiner Ankunft: «Wo bin ich? In welchem Winkel Tibets, im Land des Dalai-Lama, überall, bloß nicht in der Schweiz! Warum bin ich hierhergekommen, in diese Gegend, die mir feindlich, schrecklich, so fern von dem zu sein scheint, was ich bisher gekannt habe?»[11]

Ella Maillart nuanciert gleichwohl die universalistische Sicht, Nepal ist nicht das Wallis. Sie hebt zwei Unterschiede hervor: Zunächst betont sie den Humor und die Geselligkeit der Sherpas und bedauert, dass das harte Leben in den Alpen die Leute manchmal «hinterhältig» macht; vor allem aber versäumt sie es nicht, den «Vorrang des göttlichen Lebens» herauszustellen. Das Heilige prägt in Form von *chörten* und Mani-Stein-

[11] Edmond Bille, *Jeunesse d'un peintre* (1878-1902), Martigny, Imprimerie Pillet, 1962, S. 267. Jean Giono nimmt dieses Motiv wieder auf, wenn er die Ankunft des Deserteurs im Nendaz von 1850 schildert: «Tibet mitten in Europa.» (*Der Deserteur*, aus dem Französischen von Hans Thill, Frankfurt, Suhrkamp, 1992, S. 18). Schließlich veröffentlicht Maurice Chappaz nach seiner Nepalreise ein Buch, in dem Ella Maillart mehrmals erwähnt wird: *Valais–Tibet. Icône des pays de montagne*, Vevey, Le Cadratin, 2000.

mauern die Landschaft, es hat seinen Platz im Herzen der Städte, aber auch in jedem Haus. Das Handeln der Sherpas ist in allen Augenblicken ihres Lebens davon durchdrungen:

> Am Anfang meines Aufenthalts hätte ich meinen können, die Bevölkerung lebt wie die Bergbauern in den Alpen, kümmert sich um das Vieh, bestellt die Felder und produziert Butter, um sie in die Hauptstadt zu schicken. Aber ich beginne zu ahnen, dass das Leben hier zwei Ebenen hat und das religiöse Denken um eine subtile Welt kreist, in der man sich ständig unsichtbare Kräfte geneigt machen muss, Schutzgötter und Dämonen, deren Masken ich im Halbdunkel des Tempels gesehen habe.

Ein Auge und ein Ohr

Auf allen ihren Reisen hatte Ella Maillart Fotoapparate und Kameras dabei, um das «unmittelbare Leben» einzufangen und damit ihre «Pflicht als Reisende» zu erfüllen; so ist sie heute manchmal als Fotografin bekannter denn als Schriftstellerin. Charles Fordsick weist darauf hin, dass die Wahl eines leichten Apparats, einer Leica, ihr nicht nur erlaubt hat, die Ausrüstung überallhin mitzunehmen, sondern ihr vor allem auch die Möglichkeit gab, mit den Leuten in Kontakt zu kommen.[12] Auf zwei Dritteln der Fotos von *Im Land der Sherpas* sind Nepalesen zu sehen, und oft posieren sie –

---

[12] Charles Fordsick, *Oasis interdites. Ella Maillart*, Genf, Éditions Zoé 2008, S. 38–40. Dieses Buch unterzieht das gesamte Werk einer klugen kritischen Betrachtung.

Ella Maillart fotografiert fast nie heimlich. Sie «stiehlt» die Bilder nicht, weil sie sich das Vertrauen der Einheimischen hat erwerben können: «Die meisten ihrer Fotos zeugen von dem ihr eigenen Talent, diese Augenblicke des Entdeckens intensiv zu teilen und die Menschen im Innersten zu berühren. Sie lassen dem Geist die Freiheit, dem Blick die Schärfe und beweisen mit großer ästhetischer Nüchternheit Ella Maillarts unerschütterliches Interesse für die anderen, ihren tiefen Respekt vor dem Menschen.»[13]

Dieses «unerschütterliche Interesse» geht sogar noch weiter: Wenn sie den Buddha des unendlichen Mitgefühls (Nr. 58) oder die Maske mit den zehn Köpfen (Nr. 45) fotografiert, kadriert sie so, dass der Betrachter sich einbezogen fühlt. Charles-Henri Favrod unterstreicht diese Entschlossenheit, festzuhalten, was zu verschwinden droht: «Diese Frau ist ihr Leben lang vorwärtsgegangen, ohne sich umzudrehen, auf das Ziel zu, das sich stets entzieht. Zum Glück ist die Fotografie eine ewige Wiederkehr. Der Apparat, Augen- und Gedächtnisprothese, nimmt auf, was sonst verflöge.»[14] Ella Maillart hat die Fotos sorgfältig ausgewählt, die

---

13 Diese Worte stammen von Daniel Girardin, dem vormaligen Konservator des Musée de l'Élysée. Er hat die Fotos der zwei Reisen von 1951 und 1965 zusammengetragen und ediert (*Ella Maillart au Népal*, Musée de l'Élysée Lausanne, Arles, Actes Sud, 1999; darin sind mehrere Fotos, die sich auch im vorliegenden Band finden, abgedruckt, aber nicht in der von Ella Maillart gewollten Reihenfolge).

14 Charles-Henri Favrod hat Ella Maillart dazu gebracht, ihr Fotoarchiv dem Musée de l'Élysée zu übergeben (*La vie immédiate*, Fotos von Ella Maillart, Text von Nicolas Bouvier, Nachwort von C.-H. Favrod, Lausanne, Payot/Éditions 24 Heures, 1991, S. 192; das Buch enthält dreizehn Fotos, die auf der Nepalreise von 1951 entstanden).

sie in ihrem Buch über Nepal abgebildet sehen wollte, und alles aussortiert, was anekdotisch oder zu persönlich hätte wirken können – diese Bilder hebt sie für Zeitschriften auf.[15]

Ihre Aufmerksamkeit erstreckt sich noch auf die kleinsten Details, die Facetten einer multiethnischen und multikulturellen Gesellschaft, die Kleidung der Frauen, die Küchenutensilien, die Bestattungsriten und die Instrumente der Musikanten. Erstaunlich auch ihre Fähigkeit, zu kommunizieren und Leute zum Sprechen zu bringen, deren Sprache sie nicht versteht! Die Reisende macht in den Dörfern halt, mischt sich unter die Teilnehmer einer Totenfeier und spitzt die Ohren; auch wenn sie manchmal ein wenig mogelt und auf das Wissen aus den Büchern zurückgreift, die sie vor und nach ihrer Reise gelesen hat – die gesamte Literatur über die Sherpas und Nepal –, sie interessiert sich für das Leben der anderen, sie bringt die Leute dazu, Geschichten zu erzählen. Ob sie mit dem jungen tibetischen Lama oder mit ihrem Führer Tobdge sprechen muss, Ella Maillart baut Schranken ab. Wenn sie das «demokratische Fahrrad» wählt, um König Tribhuvan aufzusuchen, oder zum Kochen einen Primuskocher verwendet, so sind das keine Nebensächlichkeiten. Es gibt bei Ella Maillart eine Ethik der Reise und des Entdeckens. Man braucht keine Diener, man teilt genügsam Yakbutter und *tsampa*, «das Brot Zentralasiens». In seinem Buch über die gemeinsame Reise beschreibt Peter Fleming humorvoll die menschlichen Qua-

---

15 Im Magazin *Pour tous* vom 24. Dezember 1951 (online: scriptorium.bcu-lausanne.ch) erscheint die Reportage «Topdgé, mon Sherpa»; auf dem Titelblatt ein Foto ihres Führers, der mit der Kamera in den Händen posiert!

litäten Ella Maillarts, besonders ihre Aversion gegen Heldentum oder Großspurigkeit:

> Sie war mutig, unternehmungslustig, findig; an Ausdauer übertraf sie die meisten Männer. Auch kam sie, wie man so sagt, «gut» mit den Eingeborenen zurecht und wusste im Umgang mit einem stolzen, einfachen Volk, dessen Sprache sie nicht sprach, sehr genau, wann sie die Form wahren und den Mund halten musste und wann sie den Schelm hervorblicken lassen durfte. Sie konnte alles essen und überall schlafen. Der einzige Schwachpunkt war ihr empfindlicher Geruchssinn; nur in dieser Hinsicht war ich, der ich keinen besitze, besser gerüstet als sie.
> Bei allen Unterschieden in Charakter und Temperament hatten wir eines gemeinsam: eine bestimmte Einstellung zu unserem Beruf (oder unserer Berufung oder wie immer man es nennen mag). Es stieß uns beide ab, wie sehr das, was heute unter dem stolzen Titel Abenteuer daherkommt, von den «Abenteurern» selbst wie auch von der Allgemeinheit verzerrt und entstellt wird. Weniger aus ethischen als aus ästhetischen Gründen verabscheuten wir die moderne Tendenz, die Enden der Welt und die in ihrer Nähe vollbrachten Taten erst zu dramatisieren und nachher bis zur Unkenntlichkeit zu banalisieren.[16]

---

16 Peter Fleming, *Tataren-Nachrichten. Ein Spaziergang von Peking nach Kaschmir*, aus dem Englischen von Reinhard Kaiser, Frankfurt am Main, Eichborn, 1996, S. 26.

Noch einmal Französisch lernen

Ella Maillart hat aus ihrer Nüchternheit und ihrer Weigerung zu «dramatisieren» einen Stil gemacht: Bei ihr ist tatsächlich wenig Platz für rhetorische Figuren oder Herzensergüsse. Ihre Leserschaft hat sie unter den Liebhabern des Reisens gefunden, die oft auf ihren Spuren gewandelt sind und mit Empathie an ihr Werk herangehen.[17] Kritische Würdigungen gibt es wenig, und der Blick auf Ella Maillart als Schriftstellerin ist durchweg herablassend.[18] Als große Leserin, insbesondere von Lyrik – auf der *Verbotenen Reise* liest sie Valéry –, hat Ella Maillart dem geschriebenen Wort besondere Aufmerksamkeit gewidmet. Die Frage der Sprache ist bei ihr zentral, sie hängt zusammen mit dem stets behaupteten Willen der Autorin, sich die Wirklichkeit anzueignen: Wenn sie im Augenblick des Aufbruchs nach Marokko die Schönheit des Flieders und der Glyzinien wahrnimmt, möchte sie eine Sprache finden, um diese Schönheit *auszudrücken*, und müsste sie dafür «noch einmal Französisch lernen». So hat Ella Maillart häufig von der Schwierigkeit gesprochen, Antworten auf die großen existentiellen Fragen zu finden,[19] und zugleich auch von ihrem schwierigen Verhältnis zum leeren Blatt. Sie

---

[17] Beispielsweise das fesselnde Buch von Olivier Weber, *Je suis de nulle part. Sur les traces d'Ella Maillart*, Paris, Payot, 2004.

[18] Vgl. die Geringschätzigkeit, mit der Adrien Pasquali Ella Maillart behandelt, *Histoire de la littérature en Suisse romande*, Genf, Éditions Zoé, 2015, S. 1154.

[19] In dem Interview, das sie Bertil Galland gewährt, kommt sie mehrmals auf die von Leibniz gestellte Sinnfrage zurück: «Warum ist überhaupt etwas und nicht vielmehr nichts?» (*Collections Plans-Fixes*, 1984).

hat ihre Bücher immer unter großen Mühen geschrieben, mit zeitlichem Abstand, oft in einer fremden Sprache – als stellte die Tatsache des Schreibens sofort eine Distanz zur Wirklichkeit her und versetzte einen in die Position des Fremden.

In einem unmittelbar vor ihrem Aufbruch nach Nepal in zwei Sprachen verfassten Text erklärt Ella Maillart, «Warum ich auf Englisch geschrieben habe»:

> … auf Englisch schüchtert mich das leere Blatt weniger ein als auf Französisch. Diese flüssige Sprache erscheint mir intuitiver und nuancenreicher, verglichen mit dem relativ trockenen und rationalen Französisch. Wenn ich allein vor mich hin singe oder bete, tue ich es immer auf Englisch. Und in dieser Sprache werden die meisten Bücher über Asien gedruckt, die mich interessieren. Auf der anderen Seite sind es die Leser jenseits des Ärmelkanals, die am besten auf die Anregungen meiner Bücher reagieren. Dieser Umstand beeinflusst und bindet mich.[20]

Ein wertvolles Geständnis: Englisch ist die Sprache des Herzens, des Gesangs, des Gebets und der Verbindung zum andern; das Französische hingegen ist die Sprache des Gesetzes und der Vernunft. Das Englische wird erst spät erlernt und «beherrscht» dank einer spirituellen Erfahrung. Während ihres langen Aufenthalts in Indien bewegte sich Ella Maillart in einer anglophonen Welt, was ihr erlaubte, eine profunde

---

[20] «Why I write in English», «What I owe to England», »Pourquoi j'ai écrit en anglais» (datiert vom Januar 1951); mehrere maschinengeschriebene Manuskripte befinden sich im Fonds Ella Maillart (BGE, Ms.fr. 7127 A/23).

Kenntnis der Sprache zu erlangen: «Ich habe zuletzt fünf Jahre in Indien gelebt, an der Seite zweier Weiser, und ich glaube, dass diese Erfahrung deshalb die wichtigste meines Lebens werden konnte, weil ich die englische Sprache beherrsche.»[21] Nach zwei ersten in Frankreich erschienenen Büchern veröffentlicht sie 1937 in beiden Sprachen *Oasis interdites / Forbidden Journey*. Alle anderen Bücher werden zuerst auf Englisch geschrieben und dann von einer anderen Person ins Französische oder in eine andere Sprache übersetzt. *Au pays des Sherpas* ist meines Wissens ein einzigartiger Fall von Selbst-Übersetzung in Ella Maillarts Werk. Die Unterschiede zwischen der französischen und der englischen Version sind minimal, es geht vor allem darum, einen Inhalt wiederzugeben; gleichwohl nutzt die Autorin das Genie beider Sprachen. So ist der Titel *Au pays des Sherpas* mehr als die bloße Übersetzung von *The Land of the Sherpas*. Der mit der Präposition verschmolzene unbestimmte Artikel *au* erzeugt eine gewisse Dynamik, außerdem eine augenzwinkernde Anspielung auf andere Titel, wie den berühmten *Tintin au pays des Soviets* (*Tim im Land der Sowjets*) von Hergé.

Das englische Verlagshaus Hodder and Stoughton, das *The Land of the Sherpas* herausbringt, ist renommiert, es spricht mit gründlich aufbereiteten Themen ein großes Publikum an. In den fünfziger Jahren erscheinen in diesem

---

[21] Die Frage der Zweisprachigkeit und der «Selbst-Übersetzung» bei Ella Maillart verdiente gründlich untersucht zu werden, wie es auch mit der Zweisprachigkeit Samuel Becketts oder Julien Greens geschah (Vgl. Michaël Oustinoff, *Bilinguisme d'écriture et autotraduction: Julien Green, Samuel Beckett, Vladimir Nabokov*, Paris, L'Harmattan, 2001). Ella Maillart schreibt ein Standardenglisch, sehr korrekt, manchmal etwas «steif» und literarisch.

Verlag mehrere Bücher über das Bergsteigen. Doch warum dieses Buch nicht auf Französisch veröffentlicht wurde, obwohl Ella Maillart nicht einmal einen Vermittler brauchte, lässt sich schwer sagen. Das Interesse an Nepal war in der Schweiz trotz der beiden gescheiterten Besteigungsversuche Lamberts sehr lebendig, davon zeugen die Ausstellung im ethnographischen Museum von Genf und die Faszination, die Tibet und der Himalaya damals ausübten. Zurück in der Heimat, hielt die Reisende zahlreiche Vorträge mit Film- und Diavorführung in überfüllten Sälen. Mangelnde Beharrlichkeit auf Seiten Ella Maillarts, mangelndes Interesse der frankophonen Verlage? Schwer zu entscheiden bei unserem Kenntnisstand. Die literarische Welt war in den fünfziger Jahren wahrscheinlich mehr vom Nouveau Roman und vom Existentialismus angezogen als von einer Reise, die sich zur Pilgerreise entwickelt. Wir wollten also dem frankophonen Publikum ein Buch wieder zugänglich machen, das nichts von seiner Frische eingebüßt hat. Die Fotos – kein anderes Buch von Ella Maillart misst dem Bild so viel Bedeutung bei – zeugen von der Aufmerksamkeit derjenigen, die etwas von ihrem inneren Leben in den Blick legen wollte, mit dem sie die Welt betrachtete.

Sechzig Jahre später sind im westlichen Kulturraum die Aufmerksamkeit für die Welt, das Loslassen, die Achtsamkeit, das Mitgefühl triviale Begriffe geworden. Ella Maillart hätte die Idee eines «einfachen Lebens» oder einer «glücklichen Genügsamkeit» mit Wohlwollen aufgenommen. Nepal erholt sich nur mühsam von den Folgen des Erdbebens von 2015. Die politische Lage ist weiterhin heikel; das noch unlängst von maoistischen Strömungen in Unruhe versetzte Land hat

Schwierigkeiten, ein stabiles politisches System zu finden. Bis heute haben mehr als viertausend Alpinisten den Everest bestiegen, stets mit der Hilfe von Sherpas, diese aber sind nicht mehr so entgegenkommend, und manchmal verschärfen sich die Spannungen. Ella Maillart konstatierte bereits «den von der Modernisierung untrennbaren Umbruch». Heute müssen Tonnen von Abfall abtransportiert werden, und wegen der allzu großen Zahl von Bergsteigern können die Gefahren des Gebirges nicht mehr gemeistert werden. Nachdem es unter Hippies Mode war, nach Kathmandu zu reisen, kommen nun Tausende Europäer zum Trekking auf markierten Routen bis hin zum See Gosainkund.

So spielt das Leben in unserem einundzwanzigsten Jahrhundert.

Pierre-François Mettan

Zu dieser Ausgabe

Der vorliegende Text beruht auf zwei maschinengeschriebenen französischen Manuskripten mit handschriftlichen Anmerkungen Ella Maillarts, die sich im Fonds Ella Maillart in der Bibliothek von Genf befinden und vor der englischen Ausgabe von The Land of the Sherpas *(1955) entstanden sind. Die beiden Versionen sind sich insgesamt sehr ähnlich. Manche Passagen der französischen Version wurden in der Ausgabe von 1955 gestrichen, insbesondere die Auszüge aus dem Buch über Milarepa oder gewisse Anspielungen auf die französische Kultur. Anspielungen auf die angespannte politische Lage sind in der englischen Version ebenfalls getilgt; wir haben sie wiederaufgenommen.*

Ella Maillart kannte beide Sprachen und beide Kulturen sehr gut, die englische und die französische; wir wollten die spezifischen Beiträge beider Versionen nutzen.

Alle Bildlegenden wurden von Ella Maillart verfasst. Nur zehn Fotos der englischen Ausgabe, die von anderen Fotografen stammen, haben wir nicht aufgenommen. Die mit einem Stern gekennzeichneten Anmerkungen sind vom Herausgeber.

Wir haben die Formulierungen Ella Maillarts genau respektiert. In wenigen Fällen haben wir die Zeichensetzung korrigiert. Fremdsprachige Wörter und zitierte Werktitel sind wie üblich kursiv gedruckt. Die Schreibung der geographischen Namen und die Höhen der Berggipfel sind heute etwas anders. Wir haben uns entschieden, Ella Maillarts Schreibweise und die Höhenangaben beizubehalten; der Leser wird diese Orte auf einer aktuellen Karte mühelos wiederfinden.

Wir danken folgenden Personen für ihre Unterstützung: Pascale Pahud, Dokumentalist im Musée de l'Élysée; Barbara Prout, Archivarin in der Bibliothèque de Genève; Simon Roth, Konservator in der Médiathèque-Valais.

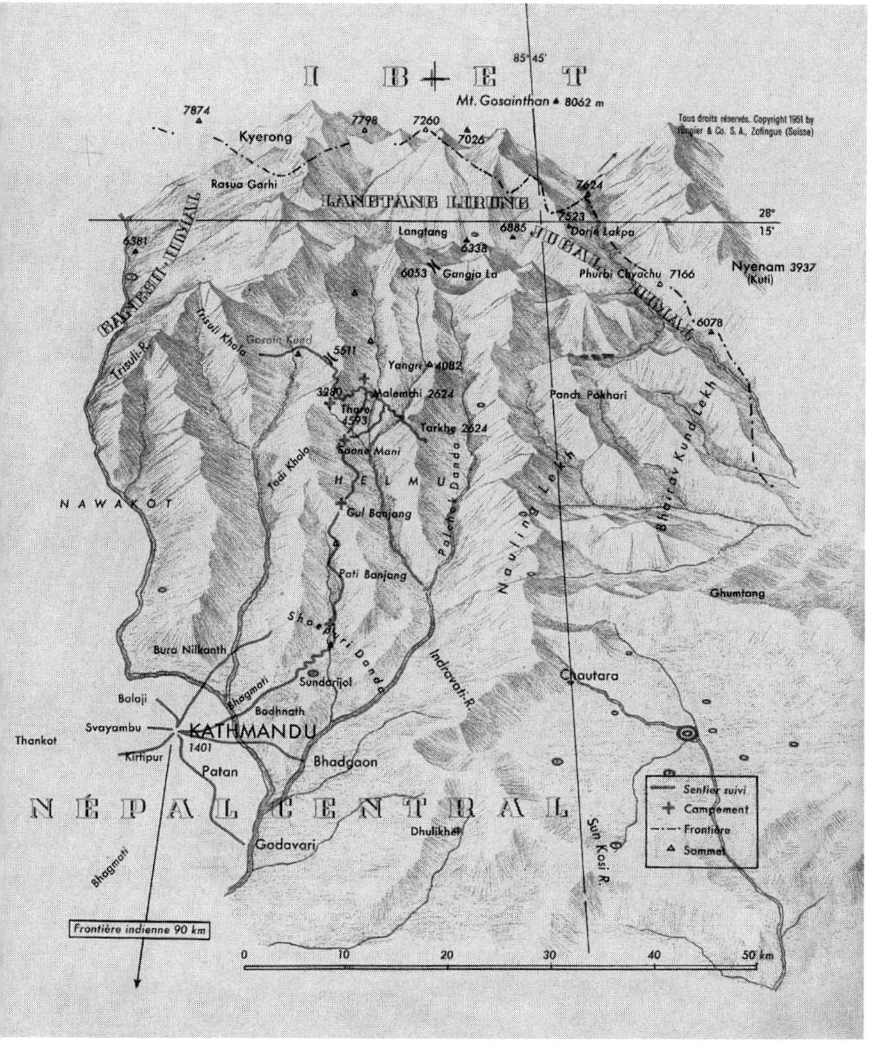

Bergketten und Täler im Zentrum von Nepal – Karte mit (tief schwarz) eingezeichneter Route zur Illustration des Artikels «Le Lac sacré du Gosainkund» (Der heilige See Gosainkund) von Ella Maillart in *L'Illustré* vom 10. April 1952.

Geduld des Menschen – Ein ganzer Bergabhang ist manchmal terrassiert, bei einem Höhenunterschied von 1.500 m.
Kaum ist der Weizen geerntet auf diesen schmalen Feldern, wird er durch den *gohya*-Reis ersetzt. Der Pflug kann nur schwer wenden.

Im Land der Sherpas

Wer Zufriedenheit nicht aus sich selber schöpft,
Macht mit seinen Erfolgen nur die anderen reich,
Wer die Quelle des Glücks nicht in sich selber hat,
Findet nur Schmerz im äußerlichen Glück.
Wer seinen Dämon Ehrgeiz nicht bezwingt,
Erntet im Streben nach Ruhm nur Zwist und Untergang.
In der Sucht zu gefallen wirken die fünf Gifte.

Lied Milarepas, 12. Jahrhundert

I. IM HOCHGEBIRGE

Nepal

Nepal, eingebettet in die höchsten Berge der Welt, das letzte der unabhängigen Königreiche Indiens, ist in Bewegung, denn 1949 hat es seine strenge Isolation aufgegeben. Die für Ausländer lange Zeit verschlossene Bastion im Himalaya war das beständigste Beispiel für jene totale Feindseligkeit der Asiaten des 17. Jahrhunderts, die unsere Kaufleute oder unsere katholischen Missionare aus Japan und China, aus Tibet und Nepal vertrieben. «Zuerst kommt die Bibel, dann die Handelsstation, dann die Kanonen!» Das ist die bittere Erfahrung, die sich den Menschen Asiens eingeprägt hat.

Und dort, im hintersten Nepal, wo man gestern noch nichts von der Existenz Europas wusste, lebt an steilen Hängen ein freundliches und fröhliches, tapferes und unglaublich robustes Bergvolk. Die Sherpas erobern das Herz der Menschen aus dem Westen, an deren Seite sie kämpfen, wenn sie als Soldaten in britischen Gurkha-Regimentern oder als Träger bei heroischen Bergbesteigungen dienen.[22]

---

[22] Ella Maillart spricht vom Volk der Sherpas, das aus Tibet stammt. Auf Französisch wie auf Englisch bezeichnete das Wort «sherpa» zunächst einen Sherpa-Träger. In dieser Bedeutung verbreitet es sich in Folge der großen Himalaya-Expeditionen der 1950er Jahre. Die Gurkha gehören einer anderen, ursprünglich aus Indien kommenden Ethnie an, die sich in Nepal angesiedelt hat; die für ihren Mut berühmten Gurkha-Einheiten der britischen Armee bestehen aus Angehörigen aller Ethnien Nepals, einschließlich der Sherpas.

Und mit der Zeit haben sie die Träume und Bemühungen unserer besten Bergsteiger verstanden, akzeptiert und geteilt. Genauso sind einst in der Schweiz die Bergbewohner, die bis dahin entschlossen waren, niemals in die unmenschlichen Regionen um unsere höchsten Gipfel vorzudringen, von den Mitgliedern des englischen Alpine Club beeinflusst worden; und als die Schweiz so arm wie Nepal war, machte die Tapferkeit aus ihren Männern auch die besten Söldner des Kontinents.

Der Alpinismus hat uns – durch seine Gipfelfanatiker – die ersten Bilder von Nepal beschert. Merkwürdig, dass es im 13. Jahrhundert im Gegenteil der Handelsgeist war, der die Europäer China entdecken ließ: Um seine Juwelierwaren zu verkaufen, reiste Marco Polos Onkel in Begleitung des jungen Marco bis nach Peking zum großen Kublai Khan. Dort kannte man Nepal schon seit fünf Jahrhunderten, dank der chinesischen Mönche, die von ihren langen Pilgerreisen auf den Spuren Buddhas zurückkehrten; sie waren überwältigt gewesen von den neunstöckigen nepalesischen Pagoden mit ihren gestaffelten kupfer- und goldüberzogenen Dächern. Es war übrigens derselbe Kublai, der, um Tibet besser kontrollieren zu können, den ersten «Papst» des Buddhismus kürte, den Dalai-Lama – mongolisch für «Ozean der Weisheit» –, dessen vierzehnte Reinkarnation heute von Tibetern wie Sherpas verehrt wird.[23]

---

[23] Marco Polo lebte über zwanzig Jahre (1271–1295) am Hof Kublai Khans, für den er verschiedene Aufträge ausführte.
Die in *Oasis interdites* (1937) (dt. *Verbotene Reise*) beschriebene Reise Ella Maillarts mit Peter Fleming folgt den Spuren Marco Polos durch das chinesische Turkestan.

Schon sind Gelehrte aller Art in die Fußstapfen der Bergsteiger getreten. Dank ihnen werden wir bald lernen, was sich im Herzen der Felsen, der Pflanzen und der Menschen des «unbekannten Nepal» verbirgt. Doch wir wissen bereits dies: Die Besucher der von den Sherpas bewohnten Täler von Solu und Khumbu nennen die Region «das Land der Freundschaft», so gastfreundlich und liebenswürdig sind dort die Leute trotz ihres harten Lebens, immer zum Lachen aufgelegt über alles und nichts, immer bereit, dem Durchreisenden Buttertee, Hirsebier oder Kornschnaps anzubieten, und imstande, die ganze Nacht in einem mitreißenden Rhythmus den Tanz der Sherpas zu tanzen. Der Name Khumbu ist übrigens wichtig, er bedeutet «schöner, geschützter Ort» oder Heiligtum.

Ungefähr hundertfünfzig Sherpas haben bisher an Expeditionen in die Hochgebirgsregionen Asiens teilgenommen. Der englische Bergsteiger Kellas scheint der Erste gewesen zu sein, der 1907 in Darjeeling eine Gruppe dieser

---

Tatsächlich war es der als Reinkarnation Kublai Khans geltende mongolische Herrscher Altan Khan (1507–1582), der Sönam Gyatso (1543–1588), beeindruckt von dessen Persönlichkeit, mit dem mongolischen Titel Dalai («Ozean», gemeint ist «der Weisheit») ehrte. Der Titel Dalai-Lama («ozeangleicher Meister der Weisheit») wurde postum auch zwei Vorgängern von Sönam Gyatso verliehen, der somit nicht der erste, sondern der dritte Dalai-Lama war.
Der im Westen wohlbekannte vierzehnte Lama, Tensin Gyatso (geboren 1935), wird am 17. November 1950 das weltliche und geistliche Oberhaupt der Tibeter, einen Monat nach dem Einmarsch der chinesischen Armee in Tibet. Im März 2011 zieht er sich aus der Politik zurück (siehe insbesondere Roland Barraux, *Die Geschichte der Dalai-Lamas*, München, Walter, 1995; und Fosco Maraini, *Tibet secret*, Paris, Arthaud, 1953, ergänzte Ausgabe 1990, S. 362 und S. 369 (dt. *Geheimnis Tibet*, München/Wien, Andermann, 1953).

Männer als Träger auswählte.[24] Im Jahr 1900 waren ein paar arme Sherpas aus Nepal auf der Suche nach Arbeit in diese berühmte Hill Station gekommen – als Rikschaläufer, Handlanger oder Kulis in den Teeplantagen. Von 1934 an verteilte der 1928 gegründete Himalayan Club Leistungsnachweishefte an die Träger und Medaillen an die «Tiger», diejenigen unter ihnen, die eine Höhe von 7.800 m erreicht hatten.

Man könnte viele Zeugnisse versammeln, die ihre Qualitäten und ihre manchmal bis zum Tod gehende Hingabe veranschaulichen.

Diese Bergbewohner sind echte Individualisten und spontan wie Kinder, ihr Verhalten hängt davon ab, mit wem sie es zu tun haben. Nach zahlreichen Expeditionen an ihrer Seite bringt Bill Tilman ihnen uneingeschränktes Vertrauen entgegen, «oberhalb der Regionen, wo Bier fließt!» Eric Shipton berichtet von einem ihrer klassischen Späße: Wenn ein Sherpa nach langem, mühsamem Aufstieg auf dem Gipfel entdeckt, dass man ihm einen schweren Stein ins Gepäck geschmuggelt hat, lacht er genauso herzlich wie seine Gefährten, die sich den Bauch halten.[25]

---

[24] Alexander Mitchell Kellas (1868–1921); dem Chemiker und Entdeckungsreisenden gelangen 1907 erste Besteigungen in Kaschmir und Sikkim.

[25] Bill Tilman (1898–1977), Abenteurer, Seefahrer und Alpinist, bestieg 1939 als Erster ohne Vorbereitung und Sauerstoff die Nanda Devi (7.816 m). Eric Shipton (1907–1977), Alpinist und Expeditionsleiter, hätte das Team der ersten erfolgreichen Besteigung des Everest anführen sollen, wurde schließlich aber durch John Hunt (1910–1998) ersetzt (Tim Madge, *The Last Hero: Bill Tilman*, Seattle, The Mountaineers, 1995; Eric Shipton, *The Mount Everest Reconnaissance Expedition*, London, Hodder and Stoughton, 1952).

Vor allem haben sie das Herz am rechten Fleck. Der Österreicher Tichy spricht sehr freundschaftlich von Pasang Lama, der in Westnepal vier Monate lang seine Träger anführte. Jedes Mal, wenn sie sich einem Gipfel näherten, trat der Sherpa zur Seite und sagte: «Gehen Sie vor, Sahib, es ist ‹Ihr› Berg!», eine feine Anspielung auf die von fanatischen Nationalisten angezettelte Kontroverse um die Ankunft von Hillary und Tensing auf dem höchsten Punkt des Globus.[26] Tichy und sein Mann waren echte Kameraden geworden. Beim Abschied auf einem Bahnsteig in Indien verbirgt Pasang nicht, dass er feuchte Augen hat, als er dem Österreicher ein letztes Mal die Hand drückt mit den Worten: «Komm wieder … jetzt sind wir Freunde!»[27] 1954 werden sie sich wiedertreffen, um endlich den Achttausender zu erklimmen, von dem sie beide träumen: Sie sind die Ersten auf dem Gipfel des Cho Oyu.[28]

Der ebenso offene und aufrichtige Raymond Lambert, der Genfer Bergführer mit dem großen Herzen, sagte letz-

---

26 Edmund Hillary (1919-2008) und Tensing Norgay (1914–1986) haben am 29. Mai 1953 erstmals den Everest bezwungen, nach den beiden Versuchen des Schweizer Teams um Raymond Lambert von 1952. Der Streit, über den in der zeitgenössischen Presse ausführlich berichtet wurde, ging darum, wer als Erster den Gipfel erreicht habe, Hillary oder Tensing (siehe dazu Maurice Isserman, Stewart Weaver, *Fallen Giants*, a.a.O., S. 296–299).

27 Herbert Tichy, *Land der namenlosen Berge*, Wien, Ullstein, 1954, S. 9.

28 Der Cho Oyu ist der sechsthöchste Berg der Welt (8201 m). Am 19. Oktober 1954 gelingt Pasang, Joseph Joechler und Herbert Tichy die Erstbesteigung ohne Sauerstoff. Raymond Lambert hatte dasselbe Ziel, doch seine Expedition, an der auch Denis Berthelot teilnahm, konnte wegen des schlechten Wetters den Gipfel nicht erreichen.

ten Winter nach seinen Aufenthalten in Nepal zu mir: «Ich hätte zu gern das bäuerliche Leben dieser Familie geteilt, die uns auf dem Weg zum Everest aufnahm. Ihr natürlicher Adel und ihre Fröhlichkeit sind unvergesslich. Und die Frauen sind dort wirklich dem Mann ebenbürtig – beim Feiern wie bei der Arbeit …»

Ja, bei sich zu Hause muss man sie sehen und nicht entwurzelt in den Vorstädten von Darjeeling, wo sie oft arbeitslos, nur notdürftig untergebracht, manchmal krank und Opfer des weltweiten Teufelskreises der Übervölkerung sind. In solchen Ballungsgebieten kann man eine Anstellung finden, die Arbeit ist dort gut bezahlt, das Leben dafür aber sehr teuer … und worin bestehen letztlich die Vorteile, wenn Alkohol und Würfelspiel ständige Versuchungen sind?

In ihren Hochtälern aber leben die Sherpas in der Geborgenheit ihrer eigenen Welt. Die Flugzeuge, die den Everest überfliegen, oder die Funkstation der Polizeiwache, wo die Reisenden aus Tibet kontrolliert werden, können sie nicht erschüttern: die Heiligen des Lamaismus sind allgegenwärtig, wenn sie es nicht vorziehen, sich vom Denken fortbewegen zu lassen wie die Windmenschen, die *lung-pa.* Die schlichte Spontaneität der Sherpas bezaubert uns Westler, die wir so kompliziert und gleichsam innerlich gespalten sind.

«Das Glück ist vor allem eine Frage des Gleichgewichts zwischen der Welt, die den Menschen umgibt, und der Welt in seinem Innern», sagte Fosco Maraini.[29] Jenseits aller

[29] Fosco Maraini (1912–2004) ist zugleich Tibet- und Japan-Spezialist, Ethnologe, Bergsteiger, Fotograf und Dichter. Es lohnt sich, das vollständige Zitat im Zusammenhang zu lesen: «… die Tibeter

Romantik erinnere ich hier wieder einmal an Rousseaus und Diderots Vorstellung vom Naturzustand des Menschen, der, wie sie annehmen, als guter Mensch geboren wird.

Oder muss man eine andere Erklärung suchen? Sollte die Nähe der Berge, wenn sie die höchsten der Welt und die Throne der obersten Gottheit sind, den Menschen helfen, besser zu leben, anstatt sie zu erdrücken und hinterhältig zu machen, wie es in den Weilern der Hochalpen oft der Fall ist?

Ich überlasse es den Psychologen, herauszufinden, wie die Umwelt den Menschen beeinflussen könnte. In den ebenfalls herrlichen Tälern des Karakorum, des Kaukasus und des Tian Shan, am Fuß des Rakaposhi, des Ushba und des Khan Tengri habe ich gesehen, dass die Hunzukuts, die Svanen und die Kirghisen genauso tapfer und würdig sind wie die Sherpas, allerdings ohne die Herzlichkeit und das Lachen, das Letztere auszeichnet.

Mir scheint, die nepalesischen Gebirgsbewohner verkörpern die Eigenschaften des einfachen Menschen. Diese Eigenschaften berühren mich besonders, ich habe sie schon in meiner Jugend bei gewissen Bergführern in den Alpen und bei manchen bretonischen Fischern geschätzt – bevor ich sie in Turkestan und sogar noch bei den mit Tierhäuten bekleideten tibetischen Ngoloks wiederfand. Ja, um mich in meiner Eigenschaft als Europäerin besser zu verstehen,

---

scheinen mir, so weit dies auf dieser Erde möglich ist, ein glückliches Volk zu sein. Das Glück hängt nicht notwendig von der sozialen Struktur oder dem Regierungssystem ab, wie unsere Zeitgenossen anzunehmen scheinen; es ist vor allem eine Frage des Gleichgewichtes zwischen der Welt, die den Menschen umgibt, und der Welt in seinem Innern.» (Fosco Maraini, *Geheimes Tibet*, a.a.O., S. 162).

wollte ich mitten im riesigen Asien, beinahe am Ende von Zeit und Raum leben – weit weg von unseren Wahrnehmungsrastern, weit weg von unserem unstillbaren Tatendurst. Das gestern noch statische und traditionalistische Asien ist so unermesslich, dass der Mensch, der sich dort klein fühlt, dem göttlichen Leben den Vorrang einräumt und nur dieses als wirklich erachtet.

Sechs Reisen nach Zentralasien hatten meine Neugier derart erregt, dass ich Nepal besuchen wollte, sobald es möglich wäre, und bevor die modernen Zeiten dieses unvergleichliche lebende Museum zuschanden machen würden.

Die Sherpas leben in über 2.500 m Höhe in den östlichen Tälern Nepals, die von den Sieben Flüssen oder Sapta Koshi entwässert werden; sie sind tibetischen Ursprungs und sprechen einen eigenen Dialekt. Im Übrigen gehörte diese Region zu Tibet, bis sie 1856 von den Gorkha, die in Kathmandu, der Hauptstadt Nepals, regierten, annektiert wurde. Von da an und bis 1953 zahlte Lhasa eine jährliche Abgabe von 10.000 Rupien an die Gorkha-Könige.

Noch heute würden die Sherpas trotz der hohen Pässe des Himalaya – 5.800 m im Fall des Nangpa La – viel leichter nach Tibet gelangen als in das ferne, eine dreiwöchige Reise südlicher gelegene Indien, hätte der chinesische Besatzer nicht die Grenze zugesperrt.

Sher-pa bedeutet «Mensch aus dem Osten»;[30] vielleicht ist mit Osten Tingri gemeint, der Ort an der Nordflanke des Everest, wo viele Sherpas herkommen; im Khumbu-Distrikt nennt man die neuen Einwanderer aus Tibet, die, arm und

---

30 In einer auf Englisch verfassten Anmerkung äußert Ella Maillart Zweifel an dieser Etymologie.

struppig, als Bauern oder Händler arbeiten und vielleicht in ein oder zwei Generationen wohlhabende Sherpas werden, *kamba*. Mit ihren Yaks transportieren sie Reis, Zucker und Papier über die hohen Pässe nach Tibet. Von dort bringen sie Wolle, Salz, Tee und fromme Bücher mit.

Im Khumbu-Gebiet sind alle Gipfel heilig. Der höchste der Welt, «Göttin Mutter der Winde» – oder, dem vom Dalai-Lama 1921 ausgestellten Pass zufolge, «Mutter der Welt» –, galt als uneinnehmbar. Diesen Chomolungma haben wir nach einem Leiter der Vermessungsbehörde Everest getauft, ein Name, der glücklicherweise «ewige Ruhe» bedeutet, was gewiss vielen anderen englischen Namen vorzuziehen ist.

Seit dreißig Jahren werden die innovationsfeindlichen Tibeter nicht müde zu warnen, dass die Everest-Expeditionen dem Land Unglück brächten. Die von Tensing und Hillary im Gipfelschnee auf 8.840 m Höhe pietätvoll vergrabenen Opfergaben – Süßigkeiten und ein Kreuz, das ein Mönch von Ampleforth[31] gespendet hat – können nicht verhindern, dass es zu immer neuen Katastrophen kommt. Der aus Europa stammende, aber von China praktizierte Kommunismus schwappt nach Tibet über, wo er Unruhe stiftet und auf mehr oder weniger offenen Widerstand trifft; in Nepal ist die königliche Herrschaft göttlichen Rechts durch die Unsicherheit einer ebenfalls von Europa inspirierten parlamentarischen Demokratie ersetzt worden. Diesmal erwuchsen die Kräfte des Zerfalls unserer

[31] Edmund Hillary erwähnt die Opfergaben in seinem Bericht von der Besteigung (John Hunt, *The Ascent of Everest*, London, Hodder and Stoughton, 1953, S. 206). Der buddhistische Sherpa bringt Schokolade, Kekse und Bonbons dar, der Neuseeländer ein von Papst Pius XII. gesegnetes Kreuz.

materialistischen Welt aus unseren Ideologien und nicht mehr aus der üblichen kommerziellen Ausbeutung der asiatischen Länder.

Als wäre der Chomolungma zu weit entfernt, ist für die Sherpas auch der Khumbila oder «Gott des Khumbu» heilig, ein Gipfel, der sich in der Nähe des Dorfs Namche Bazar erhebt – etwa sechzig Häuser in 3.400 m Höhe und «Hauptstadt» der Sherpas. Der Khumbila darf nicht bestiegen werden; außerdem «mag er Hühner nicht», und man soll an seinen Hängen keine halten, berichtet der Ethnograph von Fürer-Haimendorf.[32] Es kann passieren, dass ein Lama diesem stolzen Khumbi Yul Lha ein schön gestriegeltes Yak weiht; von da an wird das heilige Tier nicht mehr arbeiten. Es wird wohl, wie die Gebetsmühlen und -fahnen, fortan dazu dienen, die Bergbewohner daran zu erinnern, dass es wichtigere Dinge gibt als die materiellen Bedürfnisse des Lebens. Und wenn, näher am Haus, im kleinen Kartoffelfeld ein dicker Stein liegt, wird man ihn verehren, weil er *loû* in sich birgt, Gottheiten, ähnlich den römischen Laren.[33]

---

32 Christoph von Fürer-Haimendorf (1909–1995) war einer der ersten Ethnologen, die in Nepal Feldforschung betrieben. 1953 bereiste er erstmals das Khumbu-Gebiet (*The Sherpas of Nepal: Buddhist Highlanders*, Berkeley and Los Angeles, University of California Press, 1964). Der heilige Kumbi Yul Lha (5.761 m) ist bis heute nicht bestiegen worden.

33 Im Manuskript hat Ella Maillart eine Anmerkung auf Englisch hinzugefügt, die wir übersetzen: «Die *loû* oder Hausgötter können sich im Innern der Wohnhäuser befinden – kleine steinhaufenähnliche Gebilde können sie beherbergen. Natürliche Felsen werden üblicherweise nicht als Sitz der *loû* betrachtet.»

Ja, das Gebirge ist wichtig und zwingt allen seine Lebensweise auf. Wie im Wallis praktiziert man die *Remuage*,[34] entsprechend der Ernte von Weizen, Hirse, Kartoffeln zieht man von einem Dorf zum andern; im Sommer leben die Hirten weit oberhalb der Waldgrenze und wandern von *kharka* zu *kharka*, Weideplätze, wo sie in primitiven Hütten kampieren wie die Viehhirten bei uns.

Entschlossen, wie ich war, das Leben der Sherpas mit dem der Alpenbewohner zu vergleichen, erhielt ich schließlich von der nepalesischen Regierung die Erlaubnis, Kathmandu zu verlassen, um in viertägiger Reise nach Nordosten das Tal des Melamchi Khola zu erreichen, des westlichsten der Flüsse, die im Süden des Everest den Sunkoshi bilden. Die Dörfer in diesem Tal sind von Sherpas und Tamang bewohnt; Letztere stammen auch aus Tibet, sind aber schon sehr lange in Nepal ansässig. Das Helmo-Gebiet ist bekannt für seine hübschen Mädchen; eine von ihnen soll einen Sherpa von Namche Bazar aus der großen Familie Phurbu Lama geheiratet haben.

Während ich meine Reisevorbereitungen treffe, erfahre ich, als müsste meine Neugier noch angestachelt werden, dass der Lama des berühmten Heiligtums von Bodnath den Sommer in einem Kloster bei Melamchi verbringt und dass das Dorf Tarkhe einen alten tibetischen Tempel besitzt.

Hier muss ich der Regierung von Nepal meine Dankbarkeit ausdrücken: Sie hat mir nicht nur erlaubt, diese Reise

---

34 *Remuage* ist der regionale Ausdruck für Transhumanz oder Wanderweidewirtschaft.

zu machen, sondern mir auch, obwohl ich privat reiste, den Oberleutnant Sher Bahadur Malla als Führer und Dolmetscher zur Seite gestellt.[35]

Nach Melamchi

Als ich Anfang Mai drei Tage lang von der in 1.300 m Höhe gelegenen Ebene von Kathmandu bis zum 3.600 m hohen Saone-Mani-Pass aufstieg, habe ich zuerst riesige terrassierte Bergflanken durchquert – ein erstaunliches Beispiel für den Eifer und die Geduld der Bauern –, wo man auf schmalen Streifen Erde den Weizen geerntet hatte und das Stroh fürs Vieh stehen ließ; und jetzt vor dem Monsun ist man im Begriff, *gohya* zu pflanzen, den Reis des Hochlands, der trocken angebaut werden kann. In den wenigen abgelegenen kleinen Höfen, wo ich nur ein oder zwei Eier zu kaufen finde, trinken unsere sieben durstigen Träger ein dickflüssiges, ekelerregendes Hirsebier.

Menschliche Ameisen, Kolonnen von Tamang im Gänsemarsch – die Mädchen mit vielen roten Perlenketten – transportieren ihre Produkte: ineinandergeschachtelte Bambuskörbe, massive Bretter aus rötlichem Holz, rechteckige Stapel

---

[35] Oberleutnant Malla war ausgesprochen geeignet für diese Aufgabe; er hatte schon Bill Tilman geführt, der vor Ella Maillart in der unerforschten Region Langtang gewesen, aber nicht bis zum See Gosainkund gekommen war (*Nepal Himalaya*, Cambridge University Press, 1952, S. 24); direkt nach seiner Expedition mit Ella Maillart im August begleitete Sher Bahadur Malla Eric Shipton auf der Everest-Erkundungsexpedition (*The Mount Everest Reconnaissance Expedition*, a.a.O., S. 25).

von gemasertem handgeschöpften Papier, riesige Bündel grüner Zweige, die den ganzen Körper des Trägers bedecken.

Wälder und Gebüsche erstaunen mich ebenfalls. Sie tragen kaum Laub, sind von astlosen Stämmen gespickt, die in schwarzen Stümpfen enden; es gibt so wenig Gras für das Vieh in der Gegend, dass die Bauern die Bäume plündern, um Büffel und Kühe zu füttern (im Herzen Frankreichs, in der Auvergne, macht man es genauso). Dieser Brauch führt zusammen mit der Tätigkeit der Holzfäller zur allmählichen Zerstörung der Wälder, die bei den heftigen Monsunregen dem Boden Halt geben sollten.

Die schönsten Eichenstämme aber, rauchgekrönt, brennen gleich an ihrem Standort nieder, denn man braucht ihre Asche, um das aus der Daphnerinde hergestellte Papier zu bleichen. Die Papierherstellung ist hier so verbreitet, dass sie den Menschen der Gegend ihren Namen gegeben hat: *kagate*, Papiermacher.

Je mehr ich mich von den bewohnten Regionen entferne und in intakte Wälder vordringe, desto größer wird meine Freude, und ich fürchte mich nicht, Bären oder Leoparden zu treffen, die hier zu Hause sind. Der Bursche des Oberleutnants Malla, meines nepalesischen Dolmetschers, hat einen Bären gesehen, als er sich auf der Suche nach einer Quelle verlaufen hatte; und letzte Nacht holte der Leopard zweihundert Meter von unserem Lager ein Tier aus dem Ziegengehege des Hirten Tamang, unseres Nachbarn, der unter einem tunnelförmigen Zelt aus Strohmatten kampiert.

Wer es nicht gesehen hat, kann sich die überwältigende Pracht und Herrlichkeit eines blühenden Rhododendronwalds – blassgelb, azaleenrosa, oder in über 3.000 m Höhe rotlila – nicht vorstellen. Worte reichen nicht aus, um den

Anblick eines mit blutroten Blüten übersäten Baums zu beschreiben, der sich von den hintereinandergestaffelten, in der Ferne violett gefärbten Berghängen abhebt, während im Hintergrund unter dem Indigoblau des Himmels der seidig schimmernde Schnee der Himalayakette leuchtet.

Einmal überhole ich eine Reihe Träger, die wie Polynesier mit weißen und roten Blüten bekränzt sind, stolz und lächelnd, trotz ihrer fünfzig Kilogramm schweren Lasten. In dem Moment sehe ich, von einem Mann auf dem Rücken getragen – ja, das ist wirklich wahr –, eine der beiden Frauen des Lama von Bodnath; und das auf einer irrsinnig steilen Rampe von moosbewachsenen, rutschigen Felsen. Dick und im Gebirge unfähig zu gehen, hat sie drei Tage «sitzend» auf einem Brett verbracht, das der Mann mit Hilfe eines Stirnriemens auf dem Rücken trägt. Man begreift, wie unmöglich es ist, in diesem Dschungel ein Maultier zu reiten, und wie phänomenal robust die Träger sind, die barfuß und sicher mit kleinen Schritten vorwärtsgehen.

Endlich befinden wir uns auf rein buddhistischem Terrain: Zwischen einzelnen Wacholderbüschen erreichen wir den schmalen Grat von Saone Mani, den ein imposanter fünfstöckiger *chörten* markiert – die fünf Elemente, Grundlage unserer trügerischen Welt! Der Kultbau mit seinen scharfen Kanten verleiht den vor uns liegenden Tälern der weiten Landschaft eine wunderbare Tiefe.

Der Wind tobt, während wir uns auf die Suche nach einem Rest Altschnee machen, der uns das nötige Wasser für einen Tee liefern würde. Die Luft ist so kalt, dass die Quellen noch eingefroren sind.

Als die Wolkendecke aufbricht, sehe ich im Osten in Richtung Everest den grandiosen weißen Zacken des Gauri

Sankar und die Kette des Jugal Himal; im Norden zieht sich unser Grat hinauf zum heiligen See Gosainkund. Zu unseren Füßen, im Osten, öffnet sich der Einschnitt des Melamchi-Tals, in Nebel gehüllt und dicht bewaldet; weit im Südosten kann ich auf dem Gegenhang, unterhalb von uns, ein paar helle Flecken erkennen, wahrscheinlich die Felder um Tarkhe herum. Melamchi, unser Ziel direkt über uns, bleibt unsichtbar.

Am vierten Tag kehren unsere Träger nach Kathmandu zurück; sie werden durch eine Gruppe aus Melamchi ersetzt: fünf schlanke junge Frauen, ein sehr überschwenglicher Stummer und Topdge, ihr Anführer, der mit einem Vorderlader bewaffnet ist. Topdge gibt sich als Sherpa aus, und in der Sprache von Solu-Khumbu bedeutet sein Name «der Ausdauernde». Doch er ist wahrscheinlich teilweise Nepalese, denn er hat nicht die typische lange Nase der Sherpas und auch nicht die mongolischen Augen wie Lamo Doma, die hübsche Wasserträgerin von Namche Bazar.

Komischerweise hält er ein Paar Stadtschuhe in der Hand; er wollte einen guten Eindruck auf uns machen, aber eine Blase an der Ferse zwingt ihn, barfuß zu gehen; so lächeln wir ihn von vorneherein an! Er trägt die lange enge Hose und die weiche Kappe der Nepalesen. Das große Dschungelmesser, der gebogene *kukri*, steckt im Hosenbund. Sein argloses Lächeln ist unwiderstehlich.

Er nimmt meinen Rucksack, ich folge ihm, und bald tauchen wir ins Unterholz eines Urwalds ein. Der lange Abstieg im Schatten der Fichten und Riesenrhododendren ist oft ein Stürzen über Felsen und freiliegende Wurzeln, ein Stolpern durch trockene Flussbetten und Geröllhalden.

Und dort entdecken wir auf einer Art Lichtung eine «Frühjahrsweide»; die kleinen Kühe turnen zwischen den Felsen des Steilhangs herum. Für die Nacht treibt man sie in einem Gehege aus Dornengebüsch zusammen; es handelt sich um Dzo, eine Kreuzung zwischen indischem Zebu und tibetischem Yak; ihre spärliche Milch ist sehr fett. Der angekettete, kläffende, bissige Wachhund trägt Narben von der Kralle eines Leoparden.

Unter seinem Strohtunnel bewahrt der Viehhirt die Sahne auf. Aus ihr wird geklärte Butter gemacht, die für Kathmandu bestimmt ist; ich bewundere den schönen Holzkübel voll Buttermilch, in dem der Hirte mit Hilfe eines Treibriemens einen dreiflügeligen Schläger rotieren lässt; so stellt er einen faden Quark her, von dem ich erstaunt den Namen lerne: *chiri*. Dieses Produkt hat erstaunliche Ähnlichkeit mit unserem *sérac*, den die Bauern *séré*[36] nennen. Ich erinnere mich, dass in Russland Käse *sir* heißt; trotz der Unterschiede dieser extrem weit voneinander entfernten Völker haben wir hier eine gemeinsame indoarische Wurzel, die den Himalaya mit den Alpen verbindet.

Meine salzigen Lippen sind durstig, und ich möchte gern Sauermilch. Leider ist montags jeglicher Verkauf tabu! Sollte der Käse so begehrt sein, dass man hier den Verkauf der Milch einschränkt, wie es im Dorf Chandolin der Fall ist?

Doch der listige Topdge erwidert sofort: «Wenn es verboten ist zu verkaufen, darf man aber vielleicht schenken?» Unter Gelächter trinke ich schließlich und sehne mich in der feuchten Hitze des Tals nach der sauberen Luft der Höhe.

---

[36] Der *séré* oder *sérac* ist ein kompakter und sehr magerer Molkekäse.

Ein Schaufelrad, zwei Mahlsteine: Eine primitive Mühle am Rand des Bachs kündigt die Nähe von Melamchi an. Dann passieren wir einen portikusartigen *chörten* am Dorfeingang und befinden uns in dem aus etwa zwanzig Häusern bestehenden Melamchi, einem Weiler in halber Höhe auf einer Terrasse zwischen friedlichen, grün wogenden Roggenfeldern.

Melamchi

Die meisten Dorfbewohner sind abwesend, sei es, weil sie im Wald kampieren, sei es, weil sie weit unterhalb des Dorfs Kartoffeln stecken: «U-u-u-ue! Ganz da unten!», erklärt mir die Frau des Dorfvorstehers Kantche mit ihrem schönen schmalen Gesicht, den wenig geschlitzten Augen, der vornehmen Haltung; sie trägt eine Kette aus Korallen- und Türkisperlen, an der ein kleines goldenes Amulett hängt. Als sie merkt, dass ich sie fotografieren will, setzt sie eine tibetische Filzkappe mit Ohrenklappen aus Fell auf.

Wie alle Frauen des Tals trägt sie ihre fröhliche tibetische Schürze aus drei Bahnen buntgestreiftem Wollstoff hinten (was den weiten Rock schützt, wenn man sich auf den Boden setzt!). In Namche Bazar, wo man gründlich ist, besteht die Arbeitskleidung aus zwei Schürzen, eine vorn und eine hinten. Auch die Schürze der norwegischen Tracht, die ich als kleines Mädchen[37] trug, hatte solche Querstreifen in leuchtenden Farben.

---

37 Ella Maillarts Mutter, Marie Dagmar Kliim (1874–1957), war Dänin.

Frau Kantche sitzt auf dem ebenen Boden des Roggendreschplatzes und webt den schönen Wollstoff für die Sommerjacken der Männer. Ihr einfacher Handwebstuhl erinnert mich an jene, die ich bei den Nomaden in der Mongolei, in Pamir und Afghanistan gesehen habe.

Die nach Süden ausgerichteten Häuser mit den dreigeteilten holzgeschnitzten Fenstern sind alle nach dem gleichen Plan erbaut. Im Erdgeschoss der Winterstall; über eine Treppe gelangt man auf eine breite Galerie, wo man oft eine Frau beim Gemüseputzen sieht. Der Wohnraum vermittelt auf Anhieb den Eindruck einer gewissen Kultiviertheit: Zwei Wände sind holzvertäfelt und mit Schnitzereien verziert, auf Regalen stehen Vorräte, Messinggefäße – Schüsseln, Töpfe, Kannen – und metallbereifte Holzkrüge (für den Schnaps).

Wenn es kalt ist, kann man die papiernen Scheiben des dreiteiligen Fensters oder auch die hölzernen Läden schließen.

Das Erste, was man beim Eintreten bemerkt, ist der Hausaltar, eine spitzbogige Nische über dem Kopfende der niedrigen Bettstelle, die unter dem Fenster steht.

Wie russische Ikonen in ihren schweren Silberrahmen wachen Buddhas über die Opfergaben: reinigendes Wasser, Reis, brennende Butterlampe; dazu ein oder zwei Gebetsbücher, große handgedruckte Blätter, eingeschlagen in ein Stück Stoff.

Der Gast wird gebeten, sich zu Füßen des Altars zu setzen, und in einer Porzellanschale bietet man ihm *chang* an, Hirsebier, das ich nicht mag. Aber dank früherer Reisen nach Tibet habe ich diese Art Brühe namens «Buttertee» lieben gelernt; der chinesische Tee von derber Qualität (zu Blöcken gepresst, damit er von den Karawanen besser transportiert werden kann) wird zwanzig Minuten mit Salz und einer Prise Soda gekocht, was das Emulgieren erleichtert, wenn die Flüssigkeit schließlich in einem langen Bambusrohr mit der mehr oder weniger frischen Butter vermischt wird. Hat man Hunger, rührt man geröstetes Gerstenmehl in den Tee, so dass ein dicker Kloß entsteht: das ist *tsampa*, das Brot Zentralasiens. Der Kornschnaps fließt reichlich und scheint harmlos zu sein, man verabreicht ihn selbst dem Jüngsten der Familie mit seinem Mützchen aus rosa Satin; wäre das Mützchen rot und mit einem Tigerkopf bestickt, wäre es typisch chinesisch!

Ich sitze auf dem niedrigen Bett, das ein orangefarbener tibetischer Wollteppich mit blauem Drachenmuster bedeckt, im Rücken ein Polster aus zusammengerollten Decken, und bewundere den Raum, der auf das endlose Tal hinausgeht.

Auf einer großen Steinplatte brennt in der Ecke gegenüber dem Fenster, wie es üblich ist, das offene Feuer; auf einem Dreifuß steht ein Kessel, in dem Kartoffeln köcheln. Und wie im Wallis ist ein viereckiges Trockengestell über dem Feuer befestigt; daran hängen Fleischstreifen zum Räuchern. Heute Nacht ist es Topdge gelungen, den Hirsch zu töten, der regelmäßig sein Roggenfeld geplündert hat.

Allerdings gibt es keinen Rauchabzug, einziges Detail, worin die nepalesische Einrichtung den Walliser Häusern unterlegen zu sein scheint. «Das», sagt man mir, «ist doch Absicht, der Holzteer schützt die Bambusdecke und das Schindeldach gegen Schädlingsbefall».

Die robusten Sherpas leiden nicht unter der Kälte – so wenig wie die Großeltern unserer Bergbewohner, die unter derart primitiven Bedingungen lebten, dass wir sie unerträglich finden würden. In den sehr hoch gelegenen Alpendörfern sind die Häuser manchmal trister als die, die ich in Nepal gesehen habe. Ich bin insgesamt in etwa fünfzehn Häusern empfangen worden, wo ich Kranke besucht habe, die an Abszessen, Husten, Malaria, Ruhr litten. Die Abmessungen der Räume sind unterschiedlich, je nach Wohlstand des Eigentümers, bei dem man ist, aber der Grundriss ist immer derselbe. Mein Wohlbefinden kommt von den glücklichen Proportionen eines Heims, das genau den Bedürfnissen der Bewohner entspricht – wie die runde Jurte der Mongolen – , und hat nichts mit der verhältnismäßigen Sauberkeit der Behausungen zu tun. Vergleichen wir sie nicht mit den reichen Häusern in Tirol, im Engadin oder im Berner Oberland; betrachtet man aber die höchsten Dörfer des Trentino oder des Wallis, der Maurienne oder der Vanoise mit ihren ärmlichen Gemäuern, dann leben, denke ich, nur wenige Bergbewohner so gut wie diese Sherpas. Als ich ein Jahr später in London meinen nepalesischen Film[38] zeigte, kam nach der Vorstellung der Oberst eines britischen Gurkha-Regiments zu mir. Er sprach vom Weltkrieg in Asien und der überraschenden Würde, die Nepalesen in den bestialischen japanischen Gefängnissen bewiesen. «Jetzt verstehe ich», sagte der Oberst. «Ihr Hintergrund, die Basis ihrer sittlichen Bildung ist ein Leben von solider Schönheit. Verglichen mit den armen Bewohnern des übervölkerten Südens sind sie wahre Aristokraten!»

Die Nachbarn kommen und gehen ungeniert und plaudern mit Topdges Frau, die neben ihrem Kessel hocken

[38] Ella Maillart, *Seule au Népal*, 1952 (der Film ist enthalten in: *Entretiens avec Ella Maillart. Le monde en héritage*, Buch, CD und DVD, Éditions Zoé, RSR, TSR, 2009).

bleibt, während sie «Hof hält»; wenn sie ein Gewürz oder ein Küchenutensil braucht, öffnet sie eine Schiebetür. Beim Eingang, wo Ackergeräte und Säcke stehen, baut Topdge ein kleines Buffet; er fügt die Bretter durch ineinandergreifende Zapfen zusammen, wie es früher auch bei uns gemacht wurde. Wenn Topdge mit seiner Frau redet, bedient er sich nicht des Parbatya, das mein nepalesischer Dolmetscher spricht; seine Sprache ist reich an Zisch- und Pfeiflauten, ein Singsang wie das Tibetische oder das Chinesische mit seiner Vielfalt der Tonhöhen. Er zeigt mir in einer Ecke einen Stoß Daphnerinde, aus der er Papier herstellen wird.

Die Nachbarn kommentieren die politischen Unruhen, die sich auf die Bergbewohner auswirken: In der vier Tage entfernten Stadt steigen unaufhörlich die Preise, und die Wirtschaft des Landes droht einzubrechen. Als ich in der Hauptstadt war, prangerte die Propaganda der Kongressanhänger die extreme Armut der Nepalesen an, die der Willkür einer sehr reichen Aristokratie ausgeliefert seien. Das sind unleugbare Tatsachen, doch ich glaube, die wahre Armut wütet vor allem in den heißen Regionen entlang der Grenze zu Indien.

Draußen stopft ein Junge den Balg eines Goldfasans mit Heu aus. Er hat das Tier am selben Morgen mit der Schlinge gefangen. Vor dem Nachbarhaus flicht eine sehr alte, runzlige Frau eine Art großen Korb aus Bambus, wobei sie scherzt und alle zum Lachen bringt; umgedreht, dient der Korb als Käfig, in dem die Küken vor dem Sperber in Sicherheit sind.

Wir kampieren auf dem grasbewachsenen Platz vor dem von Gebetsfahnen flankierten buddhistischen Tempel. Das Dach müsste repariert werden, und auch die farbigen Fresken an den Wänden der Veranda, wo der Tradition entsprechend die Schutzgötter der vier Himmelsrichtungen dargestellt sind.

Bezaubernde Kinder mit verschmitzten Mienen und wachen Reaktionen beobachten jede meiner Bewegungen, während ich mein Zelt aufstelle und den Primuskocher[39] in Betrieb nehme. Sie kommen und tauchen ihre vor Dreck starrenden Finger in das Seifenwasser, in dem ich meine Hände gewaschen habe; da seife ich dem jüngsten der Mädchen die weichen Patschhändchen ein; beim dritten Abspülen betrachtet sie entzückt ihre samtweiche Haut – und dann wollen alle Kinder mit der Seife spielen!

Im dunklen Tempel – die Tür ist die einzige Öffnung – überragt die heilige Dreiheit der großen Buddhas die Altäre. Eine blutrote Rhododendrondolde steckt in der Armbeuge eines kleinen Bronzebuddhas, eine prachtvolle Opfergabe. Von der Decke hängen ein paar Gebetsfahnen sowie eine imposante flache Trommel. Im Augenblick behält sie ihre tiefen, elementaren Töne für sich, Töne, die den Menschen aufrütteln; eine ähnliche Funktion hat bei uns die große Glocke der Kathedrale.

Ich besuche die Frau des Lama von Bodnath; sie richtet sich gerade ein und erholt sich von ihrer Reise auf Menschenrücken. Sie ist nach der neuesten Mode von Kathmandu gekleidet, das heißt, sie trägt einen indischen Sari. Sie spielt mit ihrem kleinen Terrier aus Lhasa und hält ihre Schwiegertochter dazu an, den Staub des Winters von den Regalen zu wischen. Dann empfängt sie von einer Sherpani

---

39 Der Primuskocher hat Ella Maillart auf allen Reisen begleitet; er funktioniert auch unter extremen Bedingungen.

mit löchriger tibetischer Schürze ein Stück Butter … Butter, Kostbarkeit Asiens, die man den Mächten der Erde und des Himmels darbringt, in der Mongolei ebenso wie in Tibet und Indien. Die Matrone akzeptiert die Gabe; sie nimmt rasch eine Fingerspitze voll und drückt sie sich mitten auf den Scheitel – zum Zeichen der Zustimmung? –, während sie gleichzeitig mich fragt, ob ich welche brauche. So wird meine Expedition bereichert durch einen Klumpen mit Dzo-Haaren vermischter Butter.

Am nächsten Tag sucht mich ein alter, ganz runzliger Mann auf, und ich zeige ihm ein Foto des vorigen Panchen Lama, das ich einst vom großen Kumbum-Kloster[40] mitgebracht hatte. Obwohl er sehr einfach aussieht, kann dieser Dorfbewohner die tibetische Bildunterschrift lesen; zum Zeichen der Hochachtung hebt er das Porträt an seine Stirn. Während der Dalai-Lama den geistigen Sohn des Buddha Amitabha verkörpert, ist der Panchen Lama die Inkarnation Amitabhas selbst. Die beiden religiösen Führer sind von gleichem Rang; wenn sie sich begegnen, gebührt dem älteren der Vortritt. Der gegenwärtige Panchen Lama, Kuumbu Tzeden, ein in der Nähe der chinesisch-

---

[40] Das Kumbum-Kloster ist eine der Hochburgen des tibetischen Buddhismus. Als Ella Maillart im Jahr 1935 dorthin kam, beherbergte es dreitausend tibetische, mongolische und chinesische Mönche. Die Reisende entdeckte damals die *chörten* und das *tsampa*, und sie stellte fest: «In Kumbum scheint das Leben unwandelbar zu sein. Es verläuft heutzutage noch genau so wie vor hundert Jahren, als der Pater Huc dort vor seiner Reise nach Lhasa Tibetanisch lernte.» (Siehe das Kapitel «Kumbum» in *Verbotene Reise. Von Peking nach Kaschmir*, aus dem Französischen von Hans Reisiger, Basel, Lenos, 2010, S. 78).

tibetischen Grenze geborener junger Mann, wurde vom chinesischen Besatzer nach Lhasa gebracht und den Tibetern aufgezwungen.[41]

Für die Buddhisten des nepalesischen Hochlands existiert der Westen nicht; sie sind noch nach Norden orientiert. Vor der Ära der Konservendosen am Everest – ihr erster Kontakt mit einer anderen Welt – kam ihre ganze Kultur aus Tibet: ihre Art sich zu kleiden – tibetische Stiefel mit hohen, eckigen chinesischen Sohlen, Wollkleider über einem Hemd von kräftiger Farbe, Schürzen mit kostbarer Brokatborte und chinesische Kostüme für den Tanz der Dämonen im Tempel; ihre Art, sich zu ernähren – tibetischer Tee, chinesische Nudeln, Porzellanschalen mit Deckel (damit keine Fliegen hineinfallen), im Solo-Khumbu benutzt man chinesische Stäbchen; und schließlich ihre Art, die Götter anzubeten – in tibetischer Sprache gedruckte heilige Bücher, Reliquienbehältnisse aus Silber, aus Lehm geformte Votivtäfelchen oder *tsa-tsas*, von Tibetern gemalte Tempelfresken und in Stein gehauene heilige Formeln auf den zum Gedächtnis der Toten errichteten Mani-Mauern.[42]

---

41 Der «vorige Panchen Lama» ist Lobsang Chökyi Nyima (1883–1937), der «gegenwärtige» Lobsang Tsteten (1938–1989). In der Geschichte Tibets gab es immer eine Rivalität zwischen dem Panchen Lama, der theoretisch eine höhere geistliche Stellung innehat, und dem Dalai-Lama, der sich mehr um das «Irdische» kümmert. Beide wirken in verschiedenen Einflusszonen, China unterstützt den Panchen Lama, der Westen dagegen den Dalai-Lama (siehe Fosco Maraini, *Geheimes Tibet*, a.a.O., S.138 f.).

42 Die behauenen Steine der Mani-Mauern tragen oft die Inschrift: «Om mani padme hum …» Mani heißt «Juwel».

Zum Ausgehen ziehen die Frauen des Tals eine dreiviertellange Kimono-Jacke mit schmalem farbigen Revers an, die nicht an Tibet, sondern vielmehr an chinesische Statuetten der Tang-Zeit erinnert![43] Jedes Mal, wenn ich Topdges Schwester filmen wollte, improvisierte sie eine Kopfbedeckung, indem sie einen Schal, den sie auf dem Unterarm trug, zu einem Rechteck faltete.

Melamchi liegt offenbar in so großer Nähe zur Hauptstadt, dass es Einflüsse von ihr aufnimmt und die Polyandrie aufgibt, die im Khumbu noch ebenso praktiziert wird wie im Langtang, dem Tal direkt nördlich von Melamchi, jenseits des 5.600 m hohen Gangja La. Das Langtang-Gebiet hatte sich für Nepal ausgesprochen, als dieses 1856 gegen Tibet Krieg führte; zur Belohnung bekam der Distrikt die Erlaubnis, seine polyandrischen Sitten beizubehalten. Von den Hindus der Regierungskaste wird ein ganz entgegengesetzter Brauch gepflegt. Und man weiß, dass der Vater des Buddha, der sechs Jahrhunderte vor unserer Zeitrechnung an der Südgrenze Nepals lebte, zwei offizielle Ehefrauen hatte. Bei den Königen von Nepal besteht dieser Brauch noch heute und merkwürdigerweise auch bei den Lamas von Bodnath, obwohl sie der Rotmützensekte angehören, die die Ehe anerkennt.

Werden sich jetzt, da im Norden Nepals der Kommunismus Fuß fasst und der Dalai-Lama sogar Peking besucht,[44]

---

43 Ella Maillart fügt die Anmerkung hinzu: «Das gilt nicht für die Khumbu-Region.»

44 Der Dalai-Lama Tenzin Gyatso besucht Peking im September 1954 und trifft dort Mao Zedong – das gibt uns einen Hinweis auf den Zeitpunkt, zu dem Ella Maillart ihr Buch über Nepal geschrieben hat.

die frommen Sherpas kulturell dem Süden zuwenden, jenem demokratischen und parlamentarischen Indien, wohin sie bisher vor allem gingen, um in ein Gurkha-Regiment einzutreten und eine sichere Rente zu haben?

Tarkhe Gyang

Auf einem schmalen und natürlich sehr steilen Pfad steigen wir nach Osten ab, wo Tarkhe Gyang liegt (*gyang* heißt Tempel). Wir durchqueren die letzten, am weitesten flussaufwärts gelegenen Felder des Tals; auf den engen Terrassen hat ein Bauer Mühe, mit seinem von einem Dzo gezogenen Pflug zu wenden; der Roggen ist abgeerntet, Kartoffeln werden ihn ersetzen.

Geranien schmücken die breiten Balkone der Häuschen, an denen wir vorbeikommen; und da die Hitze zunimmt, je weiter wir absteigen, verlange ich jedes Mal, wenn sich die Gelegenheit bietet, Sauermilch. Der Fluss ist tief eingeschnitten und lässt sich durchwaten, weil er wenig Wasser führt; die Pfeilerbrücke, deren Fundamente man noch sieht, wurde beim letzten Hochwasser weggeschwemmt.

Unter der sengenden Sonne steigen wir an der Bergflanke wieder auf; kein Lufthauch kühlt den Nacken, und der Schweiß rinnt über Arme und Beine. Mehrmals hat Topdge einen Umweg zu einer Hütte gemacht, «um eine seiner Schwestern zu besuchen», und wir ziehen ihn damit auf; wir wissen, dass ihm nicht so heiß ist wie mir und dass er lieber Schnaps trinkt als Sauermilch.

Chörten schmücken die Weggabelungen, einen besonders bemerkenswerten sehe ich am Eingang eines Klosterhofs, wo einige Männer singend ein dickes Schindeldach reparieren. Die langen Gebetsfahnen flattern leicht im Westwind.

Als wir endlich die Höhe von Tarkhe erreicht haben, wo wir von der falschen Seite kommen, das heißt von hinten, sehen wir zuerst eine Gruppe Menschen auf dem Dreschplatz; dort wird mit dem Fuß der dicke Kippbalken bewegt, der das Korn entspelzt, während an einer anderen Stelle das Getreide mit der Kornschwinge in die Luft geworfen wird, so dass der Wind die leichten Spelzen davonträgt.

Der Willkommenstrunk – in einer silbergefassten Holzschale – wird bei Lakpuri, einer weiteren Schwester Topdges, gereicht, in einem traditionellen Raum, wo man das Feuer mit einem Bambusrohr anfacht, was sofort Wirkung zeigt. Das Dorf zählt ungefähr fünfhundert Einwohner, von denen viele weiter unten im Tal auf den Feldern arbeiten. No Babu, das Dorfoberhaupt, war lange Lama in Lhasa, und ihm gegenüber äußere ich meinen Wunsch, einmal den Rundtanz der Sherpas zu sehen. Einen Tanz der Dämonen, bei dem man die großen geschnitzten Masken bewundern kann, die dem Tempel gehören, habe ich leider verpasst. Im Schweizer Lötschental findet man ähnliche und genauso erschreckende Masken, deren Bedeutung sich aber in den Tiefen der Vergangenheit verloren hat.[45]

---

[45] Seit Anfang des 20. Jahrhunderts interessiert sich die Volkskunde für die Tschäggättä, die Maskenfiguren; siehe Suzanne Chappaz-Wirthner, «Les masques du Lötschental. Présentation et discussion des sources relatives aux masques du Lötschental», Annales valaisannes 49, 1974, S. 3–95; Maurice Chappaz, *Lötschental. Die wilde Wüste einer verlorenen Talschaft. In historischen Photographien von Albert Nyfeler*, aus dem Französischen von Pierre Imhasly, Frankfurt, Suhrkamp, 1979.

In meinem Schlafsack ausgestreckt und fast am Einschlafen, blicke ich durch die dreieckige Öffnung des Zelts; was ich sehe, ist nicht der Sternenhimmel des Zentralhimalaya, sondern die Trommel einer prächtigen, drei Meter hohen Gebetsmühle, an der im Halbdunkel goldene nepalesische Schriftzeichen schimmern. Wie jeden Abend hat eine struppige alte Frau eine Butterlampe vor diesem Zylinder angezündet, der mit zahllosen esoterischen Formeln gefüllt ist: «Om! Mani padme hum …» – «Om! Ehre dem Juwel im Lotus …»

Der Dorfvorsteher hat mir erlaubt, im ersten Stock eines alten buddhistischen Tempels zu schlafen, in einem leeren Raum, dessen Wände mit dem bunten Pantheon des Lamaismus[46] geschmückt sind. Während des Tages ist das Papier der holzvergitterten Fenster von den Fingern der Kinder durchbohrt worden, die unbedingt die erste Europäerin betrachten wollten, die in ihr Dorf gekommen ist, das höchste Dorf des Tals, auf 2.400 m Höhe.

Oberleutnant Malla kampiert auf der Veranda im Erdgeschoss in Gesellschaft seines Sergeanten, seiner Ordonanz und seines Kochs. Entgegen dem fernöstlichen Brauch reise ich ohne Diener, denn ich habe beschlossen, die überall lauthals proklamierte «Demokratisierung Nepals» ernst zu nehmen. Weshalb ich vor einem Monat auch mit einem demokratischen Fahrrad zum königlichen Palast gefahren bin, um Seine Majestät König Tribhuvan zu interviewen. Der intelligente Oberleutnant ist ein Nachfahre der Malla-Könige, deren Reich im 18. Jahrhundert von den Gurkhas erobert wurde. Er befolgt die Regeln der

46 Als Lamaismus wird der tibetische Buddhismus bezeichnet.

hohen Newar-Kaste und kann die von seinem Brahmanenkoch zubereiteten Speisen nicht mit mir essen; in den Augen der Neugierigen gilt er und gelte nicht ich als der Expeditionsführer!

Schließlich habe ich mein Zelt aufgestellt, nicht um mich vor den Unbilden des Wetters zu schützen, sondern vor der Neugier der Dorfbewohner, die schon im Morgengrauen, scheinbar von einem ununterdrückbaren religiösen Eifer getrieben, kommen, um die Gebetsmühle zu drehen … und dabei zu mir herüberschauen! Ich werde von dem Glöckchen geweckt, das an der Decke hängt und bei jeder Drehung des mit handbedrucktem Papier gefüllten Zylinders bewegt wird.

Heute Abend kann ich schwer einschlafen, aber die Grimassen der auf die Wände gemalten tantrischen Dämonen können nichts dafür. Schuld sind die freilaufenden Tibetmastiffs,[47] die ihre unaufhörlichen Dialoge in die Nacht bellen … Und plötzlich spüre ich, dass ich in einem ernsten Augenblick der Geschichte Nepals im Herzen Asiens lebe.

Nepal! Ein vollkommen «anderes» Land! Es steckt noch im Mittelalter, hat eben erst die Grenzen geöffnet, und das Flugzeug hat das Leben in der Hauptstadt verändert, lange bevor es eine Straße nach Indien gab; die wurde erst 1953 fertiggestellt. Tribhuvan, Nepals hinduistischer König, irdische Inkarnation des Gottes Vishnu, des Beschützers der Menschheit, hat sich mit den Kommunisten zusammengetan, um der ererbten Machtstel-

---

[47] Der stattliche Tibetmastiff, auch Tibetdogge genannt, wird als Hofhund oder Hütehund verwendet.

lung des Premierminsters Maharaja[48] ein Ende zu setzen. Er hat den Ehrgeiz, für die acht Millionen Einwohner von erstaunlich unterschiedlicher Herkunft, die isoliert in nahezu unerreichbaren Tälern leben, das allgemeine Wahlrecht einzuführen. Plötzlich gibt es Whisky und Phonographen, Kinos, Zeitungen, Hotels und sogar eine offizielle Rundfunkstation, genauso wie Techniker aller Art, Jesuiten als Schulleiter, eine indische Botschaft und eine amerikanische Delegation – denn 135 Jahre lang hatte allein England einen Vertreter im Land der Gurkhas.[49] Auch eine chinesische Delegation wird angekündigt. Politische Parteien schießen wie Pilze aus dem Boden, was zu großer Unruhe führt. Und außerdem braucht der Staat Geld …!

Der Umbruch, der von der Modernisierung nicht zu trennen ist, hat das Melamchi-Tal noch nicht erreicht, wo ich frühmorgens aufwache, ohne dass die Gebetsmühle sich gedreht hat. Ich höre das ferne Grollen einer Trommel und das Knattern der Gebetsfahnen; unaufhörlich

---

48 Tribhuvan Shah (1906–1955) war von 1911 bis 1950 und von 1951 bis zu seinem Tod in Zürich König von Nepal. Er befand sich im Konflikt mit Premierminister Rana, dessen korrupte Familie zwischen 1846 und 1951 über Nepal herrschte; Tribhuvan wurde vom indischen Premierminister Nehru unterstützt bei seinem Versuch, in Nepal ein demokratischeres System zu errichten. Ella Maillart hat ihn fotografiert (*Ella Maillart au Népal,* a.a.O.).

49 1816 beendet der Vertrag von Seghauli den «Gurkha-Krieg» gegen die Briten. Ein britischer Repräsentant lässt sich in Kathmandu nieder, doch die nepalesische Souveränität bleibt gewahrt. Als 1846 die Rana-Familie an die Macht kommt und Nepal gegen das Ausland abschottet, kehrt Stabilität ein.

erinnern sie daran, dass das Leben Geist ist und allein der Buddha «erwacht». Neugierig beobachten mich schniefende Kinder, als ich versuche, mit Würde aus meinem Zelt zu kriechen; gestikulierend bietet mir ein junges Mädchen an, meine Wäsche zu waschen; sie wird damit zu der Quelle gehen, wo die Dorfbewohner ihre Messingkrüge füllen. Sie würde gern mit mir nach Europa kommen; sie ist längst nicht so reserviert wie ihre Landsleute. Ihr bedruckter Baumwollrock fällt auf durch seinen schmalen Schnitt und die grellen Farben; ich schließe daraus, dass sie gereist ist.

Bei ihr zu Hause, wohin ich ihr folge, bewundere ich wieder die prächtige und typische Einrichtung des Wohnraums; in diesem sehr sauberen Dorf Tarkhe gibt es in jedem Haus am Ende der geschlossenen Galerie des oberen Stockwerks eine Toilette – und wie in den Schweizer Chalets bedeckt man den menschlichen Dünger mit Kiefernnadeln und Asche. Sie zeigt mir stolz ein Foto des Generals Bijaya, des nepalesischen Außenministers, bei dem sie in Kathmandu Dienstmädchen war. Er trägt seine juwelenbesetzte Galauniform und seinen mit Paradiesvogelfedern geschmückten funkelnden Helm. Ich war diesem General im Singha-Durbar-Palast begegnet, acht Tage bevor sein Vater – der letzte Erbpremierminister – das Gebäude der nepalesischen Kongresspartei überließ, die nun die Macht innehatte.[50]

---

[50] General Bijaya Shumsher Jung Bahadur Rana (1915–1953) ist der Sohn von Mohan Shumsher Jang Bahadur Rana (1885–1967), abgesetzt von Tribhuvan. Unter den Rana hatte der Monarch eine rein repräsentative Funktion. Die Macht übten die Premierminister aus.

Während ihre Nachbarin Tung Sang Lamini hin und wieder an einer Wasserpfeife zieht, bereitet sie Tee für mich zu, immer noch mit der Hoffnung, dass ich sie in meine Dienste nehme. Tung Sang Lamini ist Witwe; sie ging einmal bis nach Rangun, um ihren Bruder zu besuchen, Bonze in einer birmanischen Pagode. Sie berichtet, wie sie damals mit dem Leben davonkam, als die Japaner mit Maschinengewehren in die Menge der Flüchtenden schossen: Soldaten hielten sie an, um ihr abzunehmen, was sie, sorgfältig in ein Tuch gewickelt, bei sich trug. Als sie hörten, dass sie die Schwester eines Bonzen war und einen drei Monate langen Marsch antrat mit nichts anderem im Gepäck als dem heiligen Buch der Prajnaparamita – «Vollkommene Weisheit» –, gaben sie ihr einen Passierschein.

Auch No Babu statte ich einen Besuch ab, denn er wünscht, dass ich nach seiner kranken Mutter schaue. Im Nachbarhaus finde ich die alte Dame auf einem Lager von aufeinandergestapelten Fellen. Sie wirkt ebenso intelligent wie autoritär. Seit drei Monaten leidet sie an der Ruhr. Zum ersten Mal seien die Beschwerden aufgetreten, als sie ihr heißes Bad genommen und sich den Körper eingeölt habe, «wie es Brauch ist». Ich finde solche Bräuche an einem solchen Ort erstaunlich!

Allein mache ich einen Entdeckungsspaziergang durch die Gassen, an Trockenmauern und Häusern mit Schindeldächern entlang. Die weißen Gebetsfahnen erinnern mich daran, dass ich nicht in den Alpen bin. Am Dorfeingang, wo der Pfad plötzlich aus dem tief eingeschnittenen Tal hervorzuragen scheint, legt ein Kind vorsichtig einen seltsamen Gegenstand auf den Boden, wohl kein Spielzeug.

Es sieht mehr aus wie ein Brett mit berittenen Püppchen darauf – das Ganze aus bräunlichem Mehlteig geformt. Später sollte ich erfahren, dass man den seit drei Monaten bettlägerigen Vater des kleinen Naropa exorzisiert hat; dank der Geisterbeschwörung würde die Krankheit endgültig gebannt sein.

Am Anfang meines Aufenthalts hätte ich meinen können, die Bevölkerung lebt wie die Bergbauern in den Alpen, kümmert sich um das Vieh, bestellt die Felder und produziert Butter, um sie in die Hauptstadt zu schicken. Aber ich beginne zu ahnen, dass das Leben hier zwei Ebenen hat und das religiöse Denken um eine subtile Welt kreist, in der man sich ständig unsichtbare Kräfte geneigt machen muss, Schutzgötter und Dämonen, deren Masken ich im Halbdunkel des Tempels gesehen habe. Die Buddhisten sind deswegen nicht sonderbar. Ich finde sie normal, sie scheinen mit beiden Beinen auf dem Boden zu stehen. Ihr großer Mystiker Milarepa, der in allem, was er unternahm, direkt war, bleibt das beste Beispiel für diese Lebensweise. Hier einige seiner stärksten Verse:

> In langer Meditation über Sanftmut und Mitleid,
> Vergaß ich den Unterschied zwischen mir
> und den andern,
> In langer Meditation über den Lama, der vor meiner
> Seele stand,
> Vergaß ich all jene, die durch ihren Einfluss herrschen.
> …
> In langer Meditation über dieses Leben und das Jenseits,
> Vergaß ich die Furcht vor Geburt und Tod.
> …

Indem ich den eigenen Körper zum Kloster machte,
Vergaß ich das Kloster der Stadt.
Indem ich den Geist ohne Buchstaben aufnahm,
Vergaß ich, die Wörter zu zerlegen.[51]

Ich denke an Milarepa, während ich oberhalb des Dorfs zu einer Lichtung hinaufsteige, wo ich das Glück habe, einige der Mönche zu sehen, die behaglich in kleinen Zellen leben, vor die sie große Stiefmütterchen gepflanzt haben. Ich treffe den jungen Katche Lama an, der vor zwei Jahren aus Lhasa gekommen ist; er hat eine kleine Gebetswindmühle an sein Fenster gestellt, von dessen papierner «Scheibe» er eine Ecke zurückgeschlagen hat. Der so entstandene Luftzug aktiviert die in der Mühle aufgerollten Gebete. Er zeigt mir auch seinen Meditationsturm, auf dessen Spitze er sich zurückzieht, wenn er jeder Störung aus dem Weg gehen will. Auf dem gestampften Boden seiner Zelle hockend, habe ich seine religiösen Bücher sowie die Bilder und Fotos betrachtet, die er von seinen Pilgerfahrten nach Indien mitgebracht hat.

Seine Augen strahlen, als ich Milarepa erwähne, der lange in einer Höhle des Helmo-Gebiets meditierte, also in dem Distrikt, zu dem unser Tal gehört. Danach lebte er an den Nordhängen des Everestmassivs. Die Erinnerung an den berühmten Dichter ist in Tibet noch so lebendig, als wäre er eine Persönlichkeit der jüngeren Geschichte; er wurde im 11. Jahrhundert bei Kyerong, einem großen Dorf an der Grenze zu Nepal, geboren und war ein gefährlicher Magier, bevor er ein Asket und dann ein Weiser

---

[51] *Le poète tibétain Milarepa*, a.a.O., S. 260-261.

wurde. Er lebte als Kyniker, nackt, ohne Dach, ohne ein Buch. Er lehnte alle Texte ab, er verwarf selbst die heiligen Schriften. Allein durch das Beispiel seiner Meditationen erschütterte er die geistige Trägheit und bekehrte die Menschen. Er starb 1136; trotz der extremen Entbehrungen, die er sich auferlegt hatte, war er vierundachtzig Jahre alt geworden.

Obwohl wir sie wahrscheinlich anders verstehen, wird, denke ich, auch der junge Lama die Verse lieben, die Milarepa kurz vor seinem Tod verfasst hat:[52]

Rechungpa, der meinem Herzen gleicht,
Hör dieses Lied meiner Gebote und meinen letzten Willen.

Im ewigen Kreislauf der drei Welten
Ist der irreale Körper der große Sünder.
Solang man sich um Nahrung und Kleidung sorgt,
Entsagt man nicht der Welt.
Entsage der Welt, Rechungpa.

Im Reich der irrealen Körper
Ist die irreale Seele die große Sünderin.
Dem Fleisch und Blut des Körpers unterworfen,
Sieht sie nie die eigene Natur.
Begreife die Natur der Seele, Rechungpa.

---

[52] In der englischen Fassung ist das Kapitel anders aufgebaut: Diese beiden Abschnitte schließen das Kapitel, und dann folgt das vorhergehende Zitat Milarepas. Die sechs Strophen dagegen, die in der französischen Fassung folgen, fehlen in der englischen.

An der Grenze zwischen Geist und Materie
Ist die selbst gewonnene Erkenntnis die große Schuldige.
Von einem Eindruck zum anderen springend,
Hat sie gar keine Zeit zu bemerken,
Dass die Eindrücke keinen eigenen Ursprung haben.
Bleib auf dem festen Boden der Nichtobjektivität
der Dinge.

In der gegenseitigen Abhängigkeit dieses und
des anderen Lebens
Ist in der Hölle die Erinnerung die große Schuldige.
Da sie körperlos ist, sucht sie die Verbindung mit einem
Körper.
Sie hat nicht die Zeit, die Nicht-Realität der Sinnenwelt
zu entdecken.
Entscheide dich für die Leere, Rechungpa.
...
Bete zusammen wie eine Dreieinheit
Lamas, Yidams und Götter an,
Verbinde zu einem Ganzen
Kontemplation, Meditation und Konsum.
Gewöhn dich daran, ein Einziges zu machen
Aus diesem Leben und dem nächsten und dem
Dazwischen.
Dies ist meine letzte Unterweisung.
Dies ist das Ende meines Testaments:
Danach ist nichts mehr, Rechungpa.[53]

---

53 *Le poète tibétain Milarépa*, a.a.O., S. 288-290. Das Leben Milarepas wird von seinem geistigen Sohn Rechungpa erzählt.

Der nächste Nachbar des jungen tibetischen Lamas, den ich besuche, ist ein Bauer aus dem Dorf, der beschlossen hat, für drei Jahre, drei Monate und drei Tage in der Abgeschiedenheit zu leben; sein Sohn stellte ihm jeden Tag sein Essen vor die Tür. Es gab da oben sogar ein ebenes Stück Land, etwas Außergewöhnliches in Nepal, von Mauern umfriedet, eine Art spiritueller Turnplatz, wo die Asketen ihre körperlichen Exerzitien durchführten. Aber nun machen sich die Mönche rar. So sind auch oberhalb von Namche Bazar die meisten Zellen leer; es heißt, am Khumbila fehlt es an Wasser.

Ich habe endlich das Haus entdeckt, wo wie der Donner in einem fernen Keller die Trommel grollt, die mich seit dem Morgen verfolgt. Eine Frau, die auf der Galerie Spinat hackt, winkt mir heraufzukommen.

Ein unvergesslicher Moment: Etwa dreißig Männer sitzen mit untergeschlagenen Beinen auf dem Boden eines holzvertäfelten Raums und lesen laut die Totengebete. Ich erkenne den tibetischen Lama in seiner roten Robe und unseren Führer Topdge; No Babu leitet die Zeremonie, vor sich die rituellen Gegenstände: der mächtige Donnerkeil *dorje*, der nichts ist ohne die Glocke der höchsten Erkenntnis,[54] und die vielerlei Lampen des immateriellen klaren Lichts … ich setze mich, durchdrungen und verwandelt vom Klang der Beschwörungen, der mich einhüllt.

---

[54] Der *dorje* ist ein zentrales Symbol des tibetischen Buddhismus. Er steht für die Macht des Erwachens, das die Unwissenheit zerstören kann. Er verweist auf die männliche Kraft, während die Glocke die weibliche Weisheit verkörpert.

Die einzige Frau, die Witwe des vor einem Jahr verstorbenen Passang, überwacht einen Bottich mit Tee, in den nachher ein Kind eine wunderschöne kupferne Teekanne für die Anwesenden taucht. Es ist eine einfache, ernste Zeremonie, deren Wirkungskraft vom Willen jedes Einzelnen abzuhängen scheint. Auf dem Hausaltar hat man die Schälchen mit Opfergaben für die zehn Buddhas, die acht Klassen von Dämonen, die dreitausend Welten gefüllt. Friedliche und zornige Buddhas sollen dem schreckerfüllten und in einer Zwischenwelt festgehaltenen Toten zu Hilfe kommen. Im Mittelpunkt dieser Gebete leuchtet die Wahrheit:

> Die Todesgötter sind deine eigenen Halluzinationen.[55]

In dem Raum, dessen drei Papierfenster sorgfältig geschlossen sind, damit die Geister nicht entfliehen können, dauern die Rezitationen den ganzen Tag, und mit der Zeit hat sich die Intensität der Beschwörungen gesteigert. Im Qualm sehe ich, dass jeder nun ein Butterlämpchen neben seiner Schale stehen hat. Ich habe inzwischen ein paar Stunden auf dem Tempelplatz verbracht, wo für die Bevölkerung ein Totenmahl bereitet ist.

Mit den teuren Trauerriten ist großes Prestige verbunden, während Hochzeiten und Geburten so einfach wie

---

[55] Ella Maillart zitiert aus einem Grundlagentext des Lamaismus, dem tibetischen Totenbuch, wie es 1927 erstmals auf Englisch von Y. W. Evans-Wentz herausgegeben wurde; 1933 erschien eine französische, 1935 eine deutsche Übersetzung. *Das Tibetanische Totenbuch*, Olten, Walter, 1990, S. 245.

möglich gefeiert werden. 1953 gab ein Sherpa des Khumbu-Gebiets umgerechnet 8.000 Schweizer Franken[56] aus, um die Menge seiner Gäste mehrere Tage lang zu bewirten.

Auf dem Tempelplatz hat jeder der auf dem Boden sitzenden Gäste die tibetische Schale aus seinem Gewand hervorgezogen, die nacheinander mit Hirsebier, selbstgebranntem Schnaps und *tsampa* gefüllt wird. Zum Schluss wird reichlich weißer Reis mit furchtbar würzigem Spinat ausgeteilt und dazu Büffelfleisch, das ich mühsam kaue. Aber wenn man damit beschäftigt ist, Neues zu sehen und zu filmen – und wenn man Hunger hat –, schmeckt einem alles!

Die meisten dieser trauernden Frauen mit ihren glatten schwarzen Zöpfen sind sauber und schön, alle tragen den goldenen Anhänger in der Mitte ihrer Kette; sie sind barhäuptig, die tibetische Mütze ist zu warm für die Jahreszeit. Babys in ihren Körben und langhaarige Hunde, die sich dazugesellt haben, verschlingen tollpatschig das *tsampa* und bringen die Versammlung zum Lachen.

Ja, diese Bergbewohner lachen gern und scheinen einen unverwüstlichen Humor zu haben.

Der Dorfvorsteher erzählt mir, dass in den drei fröhlichen Wochen, mit denen jedes Jahr im Juli das Ende der Ernte gefeiert wird, umgerechnet 2.000 Franken ausgegeben werden, Ausgaben, an denen sich jeder seinen Möglichkeiten entsprechend beteiligt.

Eines Abends ist man, nachdem ich für zehn Franken Schnaps spendiert habe, bereit, meine Bitte zu erhören

---

56 Das entspricht heute etwa 32.000 Euro.

und zu tanzen. Man will mir einreden, die Mädchen seien schüchtern und würden sich erst, wenn es Nacht geworden sei, in den Reigen der Sherpas einreihen …

Wie ein Tausendfüßler, der krabbelt und Staub aufwirbelt, bewegt sich die endlose Reihe der Tänzer im Rhythmus eines lautmalerischen «Tschö-tschö-tschö»; sie haben sich untergehakt, zuerst kommen die Jungen, dann die Mädchen, und langsam dreht sich der Kreis. Die unbeteiligten Frauen sitzen in der Mitte, und ab und zu zieht ein Tänzer eine von ihnen am Arm und nötigt sie mitzutanzen.

Man singt im Chor und improvisiert nach einer bekannten Melodie Texte, die Gelächter auslösen und in denen ich vorkomme; der kraftvolle Refrain ruft mit überbordender Vitalität und Fröhlichkeit den Magier an: «Ssö-ssö-ssö! Phombo ssö!»

Es ist sehr spät; ich habe mir vorgenommen, das Dorf bei Tagesanbruch zu verlassen, und würde gern schlafen, aber man antwortet mir: «Du hast uns gebeten zu tanzen, und jetzt, wo wir uns amüsieren, möchtest du, dass wir aufhören?» Der Rhythmus lebt jetzt für sich selbst. Es ist eine Kraft, die außerhalb der Tänzer existiert und sich ihnen aufzwingt. Stimmen und Gelächter mischen sich mit dem monotonen Flattern der Gebetsfahnen.

Endlich machen sich Katche Lama und die beiden Nonnen, seine Nachbarinnen in der hochgelegenen Einsiedelei, bereit, in ihre Zellen zurückzukehren, und entzünden in der Glut kleine Bambusbündel, die ihnen als Fackel dienen.

Zum Gosainkund

Seit ich in Nepal bin, habe ich den Wunsch, den Gosainkund oder See der Gläubigen zu erreichen, an der Grenze zu Tibet, nördlich eines Passes von 4.500 m Höhe. Im August, wenn der Schnee geschmolzen ist und der Monsunregen tropft, kommen Tausende Pilger dorthin.[57] Um die religiösen Autoritäten nicht zu verstimmen, hat die nepalesische Regierung Besuchern aus dem Westen die Erlaubnis zu dieser Tour bisher verweigert. Aber es ist Mai, und ich schockiere niemanden, wenn ich hingehe; der See wird allerdings noch gefroren sein, und ich werde nicht sehen können, ob der Gott Shiva im Wasser seinen legendären Schlaf schläft. Zum Glück hat mein Dolmetscher nicht den Befehl erhalten, mich daran zu hindern, und er weiß auch nicht, dass der Premierminister zu mir gesagt hat: «Bitten Sie mich nicht um die Erlaubnis, den Gosainkund zu besuchen, denn ich könnte sie Ihnen nicht geben.» Deshalb habe ich gar nicht erst darum gebeten …[58]

Der See liegt drei Tagesmärsche nördlich von Melamchi, jenseits von zwei schroffen Pässen. Dort drüben schlug Shiva – vor Fieber glühend, nachdem er das Gift der Welt getrunken hatte, als die Götter den Ozean quirlten, um den Nektar

---

[57] Um zu verstehen, welche Bedeutung dieser Ritus immer noch hat, siehe die Reportage von Éric Chazot in der Zeitschrift *Animam*, «Le jour où les chamans sont rois» (Nr. 135, August–September 2006, S. 52–61).

[58] Wir geben eine Randnotiz im Manuskript wieder, weil sie interessant ist: Ella Maillart bittet den englischen Verleger, diesen Abschnitt zu streichen, was er auch tut, denn «… besser, man erweckt nicht den Eindruck, die europäischen Besucher würden Orte aufsuchen, obwohl man ihnen gesagt hat, sie hätten nicht die Erlaubnis dazu».

der Unsterblichkeit zu gewinnen – mit seinem drei Welten zerstörenden Dreizack auf den Berg. Drei Quellen entsprangen und bildeten den See, wo der Gott Heilung fand.

Unser Freund Topdge kommt im Sommer oft dort vorbei, wenn er nach Kyerong geht, um Schafe zu kaufen; ganz in der Nähe, in Kyanga Tsa, ist im Jahr 1052 der berühmte Milarepa geboren.

Auf der Weide von Thare Pati weit über der Waldgrenze, wo wir kampieren, werden unsere sieben Träger auf uns warten; im Schnee würden ihnen die nackten Füße erfrieren. Der Sergeant ist bereit, Topdge seine Stiefel zu leihen, denn er wird mich, zusammen mit dem Träger meines Zelts, auf der Expedition begleiten.

Während des Abends erzählt Topdge eine Geschichte über die Wallfahrt zum See der Gläubigen: «Es war einmal ein König, der in Bhadgaon seinen Palast erbaute, aber vergeblich. Jede Nacht wurde der Palast von einem Schwein wieder zerstört. Zwei Wachsoldaten erzählten dem König, was vor sich ging. Dieser bewaffnete sich, hielt selbst Wache, sah das Schwein, versuchte es zu töten, aber vergeblich. Vom König verfolgt, floh das Schwein bis zum Gosainkund, wo es schließlich verschwand.» (Deshalb gehen die Bewohner von Bhadgaon im August bei Vollmond bis zu diesem See – dem fünften einer in den Bergen versteckten Seengruppe.)[59]

---

[59] Die Stadt der Newar, Bhadgaon oder Bhaktapur, ist dreizehn Kilometer von Kathmandu und mehrere Tagesmärsche vom Gosainkund-See entfernt. Bis ins 18. Jahrhundert war es die wichtigste Stadt Nepals. Eine detaillierte Landkarte bestätigt die Aneinanderreihung der fünf Seen.

«Im eisigen Wasser des Sees lebte eine riesige Schlange, die den Leuten Angst einjagte. Nachts machten Priester und Geisterbeschwörer gewaltigen Krach, um das Ungeheuer zu erschrecken. Ein Magier vom Stamm der Gole Tamang sagte zu seiner Frau: ‹Ich kümmere mich um die Schlange unter der Bedingung, dass du dich nicht fürchtest, wenn ich sie nach Hause bringe.› Doch als der Mann, wie er gesagt hatte, mit der gebändigten Schlange zurückkam, lief die Frau entsetzt davon. Da tötete die Schlange den Mann. Seitdem nimmt kein Angehöriger der Kaste der Tamang mehr an der Pilgerfahrt teil.»

Als die Geschichte zu Ende ist, mimen und singen die Kulis den Tanz der Sherpas vom Tag zuvor. Vor lauter Schreien gerät einer von ihnen in Trance, lallt und zittert, als wäre er von einem Geist besessen. Die anderen lachen und sagen, er tut nur so.

In der Kälte des nächsten Morgens nehmen wir einen Pfad, der entgegen aller Vernunft dem zackigen Grat der von neun steilen Felsen gespickten Bergflanke folgt. Bevor man sich auf solche Pisten begibt, ist es ratsam, die Fußnägel kurz zu schneiden! Ich glaube, ich würde streiken, wenn ich nicht selbst die Expeditionsleiterin wäre. Es ist einer dieser gewundenen und schwierigen Wege, die Pater Huc mit den Worten beschrieb: «Sie sind nur für Vögel angenehm!» [60]

Ich versuche, mich als Pilger zu fühlen, für den dieser beschwerliche Pfad eine wirkungsvolle Kasteiung sein muss:

---

[60] Régis-Évariste Huc, *Das chinesische Reich*, Leipzig, Dyk, 1856, S. 8.

Ach, all die Schmerzen der Seelenwanderung!
Elend, Elend! Wie soll man sie heilen?
Ich habe Mitleid mit dem Geist, der sich in der vom
Feuer der Begierden brennenden Stadt nicht von seinem
Egoismus lösen kann.
Ich habe Mitleid mit den Wesen der drei Welten,
Die, wohin sie auch schauen, keinen Ausweg sehen
In der endlosen Feuersbrunst der Existenz.[61]

Topdge kennt nur ein englisches Wort, *good*, und jedes Mal, wenn ich ihn wieder einhole, zeige ich auf den Pfad und sage mit Nachdruck: *No good!* In der kaum vom Winterschnee befreiten Erde sehen wir die Spuren des wertvollen Moschustiers.[62] Ich erkenne mühelos die leuchtenden Fasane, die sich in die Tiefe stürzen, sobald wir eine neue Schlucht entdecken. Manchmal steigt aus einem Häufchen trockenem Laub ein unvorstellbar starker Duft auf; es sind die Blätter eines Zwergrhododendrons namens *Rhododendron anthopogon*. Die Pflanze wird übrigens zur Herstellung der in tibetischen Klöstern üblichen Räucherstäbchen verwendet.

Wir erreichen den Grund eines wilden Taltrichters, wo wir im Schneesturm die Nacht verbringen. Ich bin unter meinem winzigen Zelt im Trockenen, während die Män-

---

61 *Trois mystères tibétains. Tchrimekundan – Djroazanmo – Nansal*, übersetzt und herausgegeben von Jacques Bacot, Paris, Éditions Bossard, 1921, S. 30.

62 Das Moschustier, das zur Familie der Hirsche gehört, ist im Himalaya selten und heute vom Aussterben bedroht; Moschus wird in der chinesischen Medizin verwendet und teuer gehandelt.

ner an einer Felswand Schutz suchen und skrupellos die Stämme verbrennen, die quer über dem Bach lagen und als Brücke dienten.

Im Morgengrauen beginnt für mich ein anstrengender Aufstieg unter dem strahlenden Blau eines vollkommen klaren Himmels. Ich muss mich beeilen, bevor alles im warmen Dunst versinkt, der jeden Tag aus Indien heraufzieht. Ich versuche vergeblich, mir Mut zu machen, indem ich mir sage, dass allem Anschein nach vor mir noch kein Europäer am See der Gläubigen war.

Kaum habe ich den Pass erreicht und die Gipfel des Langtang Lirung erblickt, die in 7.200 m Höhe die tibetische Grenze markieren, weiche ich heftig zurück, fast gelähmt vor Kälte. Ich ziehe alle Kleidungsstücke an, die ich bei mir habe. Der eisige Luftstrom von Norden ist ein entfesselter Dämon, der alles durchdringt. Die Sherpas nennen den Ort Pass des Todes – Balmu Sissa –, denn es kommt oft vor, dass leichtbekleidete Pilger hier an akuter Lungenentzündung sterben. Die Newar nennen ihn Lauri Binah.[63]

Manchmal versinke ich bis über die Knie in Schneelöchern, oder ich rutsche wie auf Skiern über Firnfelder (Topdge wird später sagen, ich könne auf dem Schnee fliegen), und schließlich sehen wir unter uns das graue Eis des großen ovalen Sees. Er scheint talabwärts von einem natürlichen Damm begrenzt zu sein, ein überraschender Riegel auf halbem Weg zwischen der besiedelten Welt und den Göttern. Ein paar dunkle horizontale Linien sind wahrscheinlich Dächer von primitiven Hütten.

---

63 Auf den Karten ist der 4.609 m hohe Pass unter dem Namen Laurebina La verzeichnet.

Wir kommen zu der von Bambusstangen markierten Wunderquelle, die von allen Sünden reinwäscht. Wir löschen unseren Durst, und der Buddhist Topdge füllt seine Feldflasche mit dem heiligen Wasser, das er den Seinen mitbringen will.

Nur ein See von ruhigem, reinem Wasser kann den unwandelbaren Gipfel oder den unendlichen Himmel spiegeln, beides Symbole der Vollkommenheit. Der See selbst steht für die Welt des Geistes; dieser kann das Absolute nur reflektieren, wenn er rein und ruhig ist …

Shiva, der mit fieberndem Geist das Gift der Welt getrunken hatte, wurde schließlich wieder Herr seiner Gedanken, indem er sie auf die Ruhe des unsagbaren Sees lenkte. Ziel und Krönung der inneren, einzig gültigen Pilgerfahrt.

II. AN DEN PILGERSTÄTTEN

Bodnath

Manchmal gesellen sich Buddhisten zu den Anbetern Shivas am Gosainkund. Aber sie besuchen vorzugsweise die Pilgerorte des «Nepal-Tals» – das heißt des Kathmandu-Tals –, wenn sie nicht bis nach Indien weiterziehen, nach Sarnath, wo der Buddha zum ersten Mal predigte, oder nach Bodhgaya, den Ort seiner endgültigen Erleuchtung.

Man glaubt, dass schon dreihundert Jahre vor unserer Zeitrechnung der zum Buddhismus konvertierte Herrscher von Indien, Asoka, nach Nepal pilgerte – ins Land des Buddha; und man zeigt noch die vier *stupa*, eine Art Grabhügel, die er errichten ließ.

Von Häusern umgeben, erhebt sich der Mahabodhi-Tempel (eine bescheidene Nachbildung von Bodhgaya) im Zentrum Patans, der Nachbarstadt von Kathmandu. In den kleinen Nischen des pyramidenförmigen Turms verbergen sich fünftausend Buddhastatuen.[64] Als ich hinging, war gerade Dhekye Tsering, die Mutter des Dalai- Lama, dort gewesen, und ich sah ihre tibetische Unterschrift im Goldenen Buch des Tempels. Drei Tage zuvor hatte sie am *stupa*

[64] Im Manuskript fügt Ella Maillart hinzu: «erbaut von Abhaya Raja, einem Lehrer, im 16. Jahrhundert.» Der 1601 erbaute und Siddhartha Gautama geweihte Tempel wird manchmal «Tempel der tausend Buddhas» genannt; auf jedem Tonziegel ist ein Buddha dargestellt. Die Stadt Bodhgaya im Nordosten Indiens ist eine heilige Stätte des Buddhismus.

Tempel der Annapurna – Wir sind im alten Kathmandu, was, abgeleitet aus dem Sanskrit, *kastha mandapa*, Holzhaus bedeutet. Die vergoldeten Kupferdächer des Tempels glänzen. Das lange Metallband, das vom First herabhängt, symbolisiert einen Schlangengott, die ewigen unterirdischen und aquatischen Kräfte. Annapurna ist die Erscheinungsform, die *shakti*, die höchste Energie, annimmt, wenn sie Fülle gewährt – in materieller oder geistiger Hinsicht.

von Bodnath, dem größten tibetischen Heiligtum außerhalb Tibets, eine Opfergabe von 5.000 Rupien – etwa 5.000 Schweizer Franken – dargebracht.

Die weiße Halbkugel von Bodnath ist wirklich unvergesslich mit ihrer goldenen Turmspitze und den so durchdringend blickenden blauen Augen Buddhas. Anstelle der Nase ist ein seltsames schwarzes Zeichen aufgemalt; diese Arabeske ist aber kein Fragezeichen, wie man glauben könnte, denn das gibt es nicht in asiatischen Alphabeten; es ist die Zahl eins in Sanskrit, manchmal ein Symbol der Macht, das man auch in China findet, und es steht für den Blitz und die fruchtbringenden Regenwolken, das *lei-wen*.[65]

In seiner Wohnung im ersten Stock eines der Häuser, die den *stupa* umgeben, empfängt der Lama von Bodnath ständig Besucher. Er berührt den Kopf der Pilger, die «den Staub von seinen Füßen aufsammeln» und ihm Opfergaben bringen. Der Umstand, dass der Lama mit seinen beiden Frauen zusammenlebt und seine Tochter – mit dem Flugzeug – in die englische St.-Joseph-Klosterschule nach Darjeeling schickt, nimmt ihm nichts von seiner Heiligkeit.

---

[65] Zu Buddhas Augen und der Zahl eins vgl. Foto Nr. 35 mit Legende. Der Mund ist nicht dargestellt, denn Buddha weiß alles, spricht aber nicht.
Zu den Gemeinsamkeiten mit der chinesischen Kultur vgl. die Erläuterungen des Hermeneutikers René Guénon: «Im antiken fernöstlichen Symbolismus gibt es nur einen ganz geringen Unterschied zwischen den Darstellungen des Donners (*lei-wen*) und der Wolken (*yun-wen*); beide bestehen aus Reihen von Spiralen, manchmal gerundet und manchmal eckig …» (*Symboles de la Science sacrée*, Paris, Gallimard, 1962, S. 344).

«Sie lernt dort, auf Erden Hockey zu spielen», sagt er und zeigt mir den jüngsten Brief, den sie an ihre Eltern schrieb. Der Lama hat in Lhasa studiert, sein auf chinesischem Boden geborener Großvater hatte sich schließlich in Nepal niedergelassen. Als Respektsperson gibt der Lama den Leuten, die kommen und gehen, Befehle. Er trägt das traditionelle Gewand aus chinesischer Seide, aber wenn er die Beine übereinanderschlägt, sehe ich die europäischen Flanellhosen unter dem gelben Stoff.

In dem angrenzenden kleinen Lamatempel beobachte ich an einem Vollmondabend die Zeremonie der tausend Opfergaben, gespendet von einem Buddhisten, der beim letzten Aufstand in der Hauptstadt seinen Sohn verloren hat. Die Statuen der heiligen Dreiheit – Buddha, Gemeinschaft, Lehre – schmücken den Hauptaltar. An den Wänden zeigen mit den Jahren nachgedunkelte Fresken das buddhistische Pantheon. Bei Einbruch der Nacht werden tausend Butterlämpchen angezündet; ich sehe tausend Schalen mit reinigendem Wasser, ebenso viele mit Mehl, mit Reis und mit kleinen Kuchen – *torma*.

In einer Ecke nahe beim Sessel des Lama, wo man die Schneckenhörner, die *sahnai* – eine Art Oboe – und die anderen Musikinstrumente des Tempels aufbewahrt, brennt in einem Kessel mit Butter die ewige Flamme.

Von der Tempeltür aus sieht man die großen Bambusstangen, die auf einen heiligen Ort hinweisen, den dreifachen Sockel mit den spitzen Ecken unter der weißen Halbkugel des *stupa* und die dreizehn Etagen der Turmspitze; die befreite Seele lässt die dreizehn Paradiese, die sie überwunden hat, hinter sich! Von der Spitze, über die sich der königliche Schirm wölbt, Sinnbild des Sieges, hängen Fahnengirlanden bis auf den Boden; die Pilger umrunden das Heiligtum so, dass es immer zu ihrer Rechten bleibt; es ist die Richtung, die Glück bringt.

Ein niedriges hohles Mäuerchen, das Gebetsmühlen enthält, bildet den unteren Rand der riesigen Kuppel. Der Platz ist umringt von Wohnhäusern, in denen die Pilger unterkommen können; ein Goldschmied fertigt Ritualgegenstände an, die von den rauen, langhaarigen Männern aus dem Hochgebirge gekauft werden.

Dieser außergewöhnliche, fünfzehn Jahrhunderte alte Tumulus soll gebaut worden sein, um einen unfreiwilligen Vatermord zu sühnen. Die Tibeter, die den *chaitya* von Bodnath besonders oft besuchen und ihn als ihren Tempel in Nepal betrachten, erzählen den Ursprung des Bauwerks anders.

Aus einer Träne des Mitleids, die Avalokitesvara weinte, ging im Himmel eine göttliche Jungfrau hervor. Doch das junge Mädchen ließ sich dazu hinreißen, im Paradies Blumen zu stehlen; sie verwirkte ihren Gnadenstand und wurde in Nepal in eine Familie von Schweinehirten geboren. Als sie groß geworden war, verheiratete man sie; sie züchtete Gänse, wurde damit reich und beschloss, ihr Vermögen der Erbauung eines religiösen Monuments zu weihen. Sie suchte den König auf und bat ihn um so viel Land, wie ein Schaffell misst. Der König gewährte es. Da nahm sie ein Fell, schnitt es in dünne Streifen und steckte damit eine beträchtliche Fläche ab. Die besorgten Minister drängten den König einzuschreiten, doch er stand zu seinem Wort und ließ sie gewähren. Die Stifterin starb, bevor ihr Werk vollendet war, aber ihre Söhne konnten den Bau fertigstellen. Im Inneren des *stupa* deponierten sie Reliquien des Buddha

Kasyapa. Zur Belohnung wurden sie in Tibet wiedergeboren; einer schuf das tibetische Alphabet, ein anderer wurde der erste Abt des Landes. Der Elefant, der das Baumaterial transportiert hatte, war wütend, dass man für ihn keine Belohnung verlangt hatte, und gelobte Rache. Er wurde der König Glan Darma, ein fanatischer Gegner des Buddhismus. Der letzte der drei Brüder aber wurde später der Lama Phal Dorje, der im Jahr 902 Glan Darma tötete.

In seinem sehr eigenen Englisch erzählt mir der Lama von Bodnath diese Geschichte[66] und fügt hinzu, sie werde im Tanz der Dämonen dargestellt, der sich vor unseren Augen abspielen soll. Die Bauerndarsteller haben ihre Kostüme angezogen und rücken ihre schweren geschnitzten Holzmasken zurecht – jede Maskenfarbe ist einer bestimmten Klasse von Dämonen, den dunklen Kräften in uns, zugeordnet.

Der Tanz wird vom Magier angeführt, dessen großer schwarzer Hut mit beeindruckenden Symbolen geschmückt ist; man sieht den Spiegel, in dem sich die Dämonen, gebannt von der magischen Kraft der Worte, erkennen, so dass sie ihre Macht verlieren und ihrem Meister gehorchen; Wasserdrachen tragen den Weltenkreis, den Tod und den siegreichen Donnerkeil des Buddha. Schleifen aus Bändern in den fünf Farben der Elemente bilden den Mittelteil des Huts.

---

[66] Tatsächlich gibt Ella Maillart die Geschichte der legendären Ursprünge Nepals fast wörtlich so wieder, wie sie in einem noch heute maßgeblichen Buch zu finden ist: Sylvain Lévi, *Le Népal: étude historique d'un royaume indou* (Paris, Le Toit du Monde, 1985, Bd. 2, S. 7f., Faksimile der Ausgabe Paris, Ernest Leroux, 1905).

Die Instrumente bringen betörende Töne in allen Lagen hervor, von den höchsten bis zu den tiefsten. Es gibt zwei große Trompeten, die Alphörnern glichen, wären sie nicht aus Kupfer und Silber, die kolossale Trommel, die man mit einer geschwungenen Metallstange schlägt, die Schneckenhörner, die in den dreitausend Welten erschallen, der menschliche Oberschenkelknochen, der, in eine Flöte verwandelt, die Dämonen zähmt, und die *sahnai*, in die man, wenn es sehr heiß ist, in den Pausen Wasser schüttet! Die Zimbeln unterstreichen den Rhythmus, genauso wie die Ritualglocke, die der Lama schwenkt. Er trägt eine prächtige *mukuta* auf dem Kopf, eine mit Medaillons verzierte Mitra aus Goldbrokat. Der Oger, ein Knabe mit blautätowiertem nackten Oberkörper, trägt eine üppige Perücke aus Yakschwänzen.

Die Legende erzählt, wie der gute Sohn Phal Dorje, wiedergeboren als Lama-Magier und verwandelt in ein tanzendes Kamel, durch ein Schlüsselloch einen Pfeil auf den bösen tibetischen König abschießt. Als der König tot ist, entdeckt man, dass er Hörner und die schwarze Zunge eines Dämons hat. Deshalb grüßen einen die tibetischen Bauern, denen man auf den Gebirgspfaden begegnet, mit herausgestreckter Zunge, um zu zeigen, dass sie rosa ist und sie nichts gemein haben mit den Dämonen.

Swayambhu

Das älteste Heiligtum des nepalesischen Buddhismus, wohin man seit 2.500 Jahren pilgert, um Swayambhu – den durch sich selbst Existierenden – anzubeten, erhebt sich auf einem

Hügel bei Kathmandu; dreihundert Stufen führen hinauf zu der heiligen Stätte.

Der *stupa* befindet sich dort, wo einst das Juwel in der wunderbaren Lotusblüte funkelte – eine spontane Manifestation der Gottheit. Zu jener Zeit war die Wahrnehmung der Menschen nicht von der Unwissenheit getrübt. In der Umgebung stehen im Schutz der Bäume riesige Statuen Buddhas; mit einer edlen Geste nimmt er die Erde zum Zeugen für sein Recht, den höchsten Thron zu besetzen, obwohl Mara, der Böse, ihm anbietet, über die Welt zu regieren.

Gongs, Glocken, Trommeln, die geschlagen werden, Affen, die verstreute Reiskörner aufsammeln, Opfergaben und hundertacht Lampen, die aufgestellt werden, Opferfeuer, die auf den magischen Weltkreisen knistern, blasierte Priester, die für ihre Anhänger die kultischen Handlungen vollziehen und die rituellen Texte vortragen – oben auf dem heiligen Hügel herrscht auf engem Raum ein lebhaftes Treiben.

Newar, Sherpas und Tibeter mit schmalen Augen tragen Tabletts mit Blumen und Reis rund um die weiße Kuppel, die das Ei der Schöpfung symbolisiert. An den vier Kardinalpunkten des Bauwerks beherbergt je eine Nische einen kleinen Altar mit der Statue eines meditierenden Buddha, den die betenden Pilger mit Reis bewerfen. Ein Wächter hindert mich, einen Vorhang aus bronzenen Blüten hochzuheben, hinter dem sich Amitabha verbirgt, der Buddha des unendlichen Mitgefühls, dessen Schrein am meisten verehrt wird. Der Pfau, sein ständiger Diener, glänzt mit all seiner vergoldeten Bronze auf einer Steinsäule. Gleich daneben lächelt die gute Göttin Tara, die einen Lotusstengel in der Hand hält; sie wird die Gemahlin des nächsten Buddha sein.

Wie in Bodnath wird der weiße Tumulus überragt von einem rechteckigen *toran*, auf dessen vier Seiten die Augen des Urbuddha prangen; ihr Blick erinnert an die träumerischen Buddhas des fernen Bayon-Tempels in Angkor. Hier bestehen die dreizehn Etagen des Turms aus aufeinandergestapelten Platten und nicht aus eckigen Stufen wie in Bodnath. Das Ganze überragt ein Schirm, Symbol des Königlichen Gesetzes. Es herrscht eine Atmosphäre lebendiger Frömmigkeit, trotz der Kinder, die Verstecken spielen, und der Familien, die am Rand der Terrasse lagern.

Dem Amitabha gegenüber, im Westen, befindet sich ein Lamatempel; mit Herzklopfen, denn ich weiß nicht, ob ich dazu berechtigt bin, steige ich eine enge, fast senkrechte Treppe hinauf in den ersten Stock; ich verharre vor drei mit kostbaren Seidenstoffen geschmückten Buddhastatuen. In einem großen Behälter voll erstarrter Butter brennt hell die heilige Flamme. Erbost über mein Eindringen, kommt ein Nepalese mit drohender Miene auf mich zu, und ich ziehe mich vorsichtig zurück.

An einer Mauer steht eine gigantische bemalte Vishnustatue und scheint die passionierten Würfelspieler auf dem Platz zu bewachen. Nicht weit von dort hat man auf die Schwelle des Shitala-Tempels – eine Hindugottheit, die vor Pocken schützt – als Opfergabe süße Reiskuchen gelegt, die jetzt von Fliegen bedeckt sind. Hier kommen sehr unterschiedliche Götter und auch ihre Anhänger gut miteinander aus.

Von der Swayambhu-Anhöhe blickt man über die Ebene von Kathmandu. Als der Sherpa Topdge hier war, erzählte man ihm, wie der *bodhisattva* Manjushri Nepal erschuf – so nannte man ein Tal, in dem die Hauptstadt des

Landes liegt. Ein *bodhisattva* ist der vollkommene, «befreite» Mensch, der beschließt, erst nach der Befreiung aller Lebewesen die Buddhaschaft zu verwirklichen. Vor ihm nahm ein See das ganze Tal ein; als der Buddha Vipasya am See vorbeikam, warf er einen Lotussamen hinein. Im Lauf der Zeit keimte der Samen, und mitten auf dem See erwuchs eine wunderbare Blume, groß wie ein Wagenrad, mit sechstausend goldenen Blütenblättern, oben Diamanten, unten Perlen, in der Mitte Rubine. Der Blütenstaub war aus Juwelen, die Staubgefäße aus Gold. Aus der Krone schlug eine Flamme hoch, reiner und herrlicher als die Strahlen der Sonne. Das war Adibuddha, der sich ohne Symbole manifestiert, in seinem göttlichen Wesen selbst. Der *bodhisattva* Manjushri, der das vollkommene Wissen besitzt, weiß, dass sich in Nepal eine spontane Manifestation der Gottheit ereignet hat. Manjushri verlässt China und macht sich mit seinen zwei Frauen auf den Weg. Er dringt von Nordosten in den Gebirgskessel ein, der den See umschließt, wartet drei Nächte, die er in Kontemplation verbringt, und umrundet dann respektvoll den See, wobei er seine rechte Seite Swayambhu zuwendet. Eine Offenbarung zeigt ihm die Aufgabe, die für ihn bestimmt ist. Er soll mit seinem unwiderstehlichen Schwert, das in seiner Hand blitzt wie ein Lächeln des Mondes, eine Bresche in den Gebirgsriegel schlagen, den Wassern einen Ausfluss öffnen und einen Weg zu Swayambhu bahnen. Er führt die göttlichen Befehle aus, und der befreite Bagmati nimmt mit den Wassern des Sees auch die *naga* mit, die Schlangendämonen, die ihn bevölkern. Auf dem Grund des Sees kommt nun der Lotusstengel zum Vorschein, der Swayambhu auf seiner kostbaren Blüte trägt. Manjushri nähert sich ehrfürchtig der Pflanze, hört das geheimnisvolle Murmeln einer Quelle, verbeugt sich in Anbetung. Er setzt sich dann neben Swajambhu auf einen Erdhügel, wo die Newar heute noch den Abdruck seiner heiligen Füße verehren, den man mit viel Phantasie erkennen kann. Als sein Werk vollendet ist, kehrt er in sein chinesisches Gebirge zurück, zum Wutei Shan, der Reliquien Buddhas bergen soll.[67]

Diese Legende zeugt von den uralten Verbindungen, die über Tibet zwischen China und Nepal bestehen. Einer nepalesischen und einer chinesischen Prinzessin, die ihren Gatten, den tibetischen König Srong Tsan Gampo, zum Buddhismus bekehrten, ist es übrigens zu verdanken, dass Tibet im siebten Jahrhundert buddhistisch wurde. Ganz Tibet ehrt die esoterische Formel *Om mani padme hum*, der man buchstäblich an jeder Ecke begegnet. Ursprünglich ist sie an den ersten Dalai-Lama gerichtet, die irdische Inkarnation des *bodhisattva* Avalokitesvara.

Der tiefere Sinn einer mystischen Sentenz muss hermetisch bleiben. Aber wir Menschen des Westens wollen alles erklären. *Om* symbolisiert die Offenbarung, das Wesen allen Glücks, allen Wohlergehens, allen Wissens und den großen Weg der Befreiung … Das «Juwel im Lotus» kann man oberflächlich interpretieren als die Flamme klaren immateriellen Lichts, die im Herzen der Lotusblüte lodert, wie im Mythos von Swayambhu, dem durch sich selbst Existierenden – ein

---

67 Ella Maillart bedient sich einer literarischen List: Ihr Führer Topdge, mit dem sich ein freundschaftliches Verhältnis entwickelte, «erzählt» die Geschichten, die sie in Sylvain Lévis Buch fand (*Le Népal: étude historique d'un royaume indou*, a.a.O., Bd. 1, S. 330–333). Im Manuskript erwähnt sie an dieser Stelle das Buch.

großartiger Name für das höchste Prinzip. Das funkelnde Juwel des unwandelbaren Geistes bildet das Herz der Lotusblume, die Matrix der Schöpfung.

Vor allem im Winter, wenn es nicht zu heiß ist in Kathmandu, gehen die Sherpas nach Shimbhu, wie die Leute hier sagen, ein einzigartiger Ort, wo ich die folgende Szene beobachtete, als ich mich an eine kleine *chaitya*, eine Votivstätte, gelehnt ausruhte.

Ein schlanker Mann ist die große Treppe heraufgekommen. Seine gerade Nase, der stolze Bogen seiner Augenbrauen und seine schwarze Mähne verraten den Hindu. Der grobe flammenfarbene Baumwollstoff, der ihn umhüllt, zeigt, dass er ein *sannyasin* ist – ein umherwandernder Frommer, der vollkommenen Verzicht gelobt hat. Ich stelle mir vor, dass er einen großartigen griechischen Tragöden abgäbe, bis ich seinen erstaunlichen, von ruhigem Glück erfüllten Blick auffange.

Er geht lässig um den großen *stupa* herum, ohne Interesse zu zeigen an dem religiösen Jahrmarkt, der sich dort abspielt; löst er vielleicht ein altes Gelübde ein, das gar keine Bedeutung mehr hat? Als er das Heiligtum umrundet hat, setzt er sich vornehm, fern von den Pilgern, oben an die große Treppe. Dann schaut er entspannt, aber reglos sehr lange vor sich hin. Tiefster Frieden umgibt ihn. Dieser Mann weiß.[68] Heilige Orte, Gebete, Bemühungen, Wünsche, die Vorstellung einer fröhlichen oder zerrissenen Welt, all das sind nur wechselnde Bilder auf der unbewegten Projektionsfläche des höchsten Juwels, das aus sich selbst existiert.

---

68 In dieser Szene findet sich wieder, was Ella Maillart auf den ersten Seiten von *Turkestan Solo* über die «aufrechten» Männer sagt (*Turkestan Solo*, a.a.O., S. 30).

Als er aufsteht, um frei und geschmeidig wieder hinabzusteigen in die Ebene, bin ich außerstande zu sagen, wie viel Zeit vergangen ist, während sein Blick mir, ohne es zu wissen, den Weg öffnete, der über die Zeit hinausführt.

Swayambhu ist ein lebendiger, vom Glauben der Bauern und Bergbewohner beseelter Ort, an dem sich die Kulte Buddhas, Vishnus und Shivas vermischen.

Wie lange noch?

Politische Unruhen bringen die alten Institutionen ins Wanken, die Grenzen haben sich geöffnet. Noch kann der Fremde Alltagsszenen erleben, in denen sich die Religion als untrennbarer Teil des menschlichen Lebens erweist. Aber die Überraschung verwandelt sich in Sorge, wenn er die Bedrohung spürt, der dieses alte Konzept von der Welt und vom Leben ausgesetzt ist: Es wird in Frage gestellt von einer Demokratie, die auf dem allgemeinen Wahlrecht basieren möchte. Die nepalesischen Revolutionäre gehen zu den Hindus der Kongresspartei in die Schule. Und im nahen Tibet zwingen Millionen von Kommunisten dem Land eine noch brutalere Veränderung auf.

Während meines Aufenthalts in Kathmandu begab sich der König – die irdische Inkarnation des Gottes Vishnu – am Geburtstag Buddhas[69] zwar auch zum Heiligtum von Swayambhu, aber nur, um dort eine demokratische Rede zu halten.

So sieht es aus in unserem zwanzigsten Jahrhundert.

---

69 In Nepal wird dieses Fest am Tag des Maivollmonds gefeiert, im Jahr 1951 war das der 21. Mai.

FOTOS

I. Im Hochgebirge (1–30)

II. An den Pilgerstätten (31–65)

1. Nepal hat seine Grenzen geöffnet – Hirte Gurung mit einer Jacke aus Wolle, die seine Eltern gesponnen und gewebt haben.

2. Zur Stadt – Männer und Frauen tragen schwere Lasten, durchschnittlich fünfzig Kilogramm, mit Hilfe eines Stirngurts. Dünne Riemen verhindern das seitliche Verrutschen. Wer erzählt die Heldentaten dieser plattgelaufenen Füße, die mit ihren tänze.rischen, sicheren Schritten weder auf den moosigen Felsen noch im scharfkantigen Geröll ausrutschen?

3. Tiefe Täler – Links ein acht Meter hoher rotblühender *Rhododendron arborescens*, rechts eine verstümmelte Eiche. Blick ins Tal, das man durchqueren muss, um zum Tarkhe Gyang aufzusteigen.

4. Das *kukri* – Topdge spitzt einen Bambusstab
mit seinem gekrümmten Messer aus erstklassigem Stahl,
das im Wald von unschätzbarem Wert ist.
Er trägt lange enge Hosen und die nepalesische Kappe.

5. Frischkäse – Ein Hirte rührt Molke zu *siri*;
der Name erinnert an den *sérac* des Wallis. Der nagellose
Kübel gleicht dem, den man in den Alpen verwendet.

6. Mutter und Kind – In der Sonne auf der Galerie, die sich um das Haus zieht.

7. Das Dorf – Tarkhe und seine schindelgedeckten Häuser auf einem kleinen Plateau. Weiße Gebetsfahnen flankieren jedes Haus. Eine Gruppe von *chörten* markiert den Dorfeingang. Wie üblich verbergen sich die hohen Gipfel in den Wolken.

8. Die Frau des Dorfvorstehers – Frau Buru Kantche hat die tibetische Mütze auf, mit Ohrenklappen aus Fell. An ihrer prächtigen Kette aus Türkisen, Korallen und *dzi*-Steinen mit weißen «Augen» hängt auch ein goldenes Amulett, das einen heiligen Spruch enthält. Ihre gestreifte Wollschürze trägt sie hinten, um ihren Rock zu schützen, wenn sie sich auf den Boden setzt.

9. Adel – Während ich einen neuen Film in meine Leica einlege, nimmt die Mutter des Dorfvorstehers von selbst diese Meditationshaltung ein. Ihr Festtagskleid ist aus wunderschöner chinesischer Seide. Die viel zu langen Ärmel werden nach mongolischer Art zurückgeschlagen.

10. Bruder und Schwester

11. Mann und Frau – Topdge hilft seiner Frau, die Gerste zu schälen, sein Fuß steht auf dem Kippbalken des Stampfers, der die Körner in der Mulde entspelzt. Seine Frau lässt die Kornschwinge kreisen.

12. Man kann nie genug beten – Katche Lama, ein junger Mönch aus Lhasa, der seit zwei Jahren in der Einsiedelei von Tarkhe lebt, zeigt mir, in welche Richtung er seine silberne Gebetsmühle drehen muss, damit sie Glück bringt. In der Mühle befindet sich ein dünnes, sorgfältig aufgerolltes Stück Papier, vollgeschrieben mit Gebeten auf Tibetisch und Sanskrit.

13. Die Wasserpfeife – Topdge raucht vor dem Haus seiner Schwester Lakpuri, während die Nachbarin mit ihrer vom üblichen Stirngurt gehaltenen Rückentrage einen Augenblick verweilt.

15. Der Webstuhl – Die Frauen versammeln sich zum Weben und Spinnen der Wolle. Der Webstuhl ist bei allen Stämmen Zentralasiens ähnlich. Auf ihm werden die Mäntel der Männer gewebt.
Im Hintergrund eine Gebetsfahne.

14. In die Falle gegangen – Der herrliche rote Fasan ist ausgenommen und mit Stroh gefüllt worden und wird jetzt zum Trocknen an die frische Luft gehängt. Alle Fenster in der Region haben drei Öffnungen und sind wie dieses hier mit Schnitzereien verziert.

16. Gebetskette in der Hand – Tung Sang Lamini sitzt zu Füßen des Hausaltars, in der Nähe des Fensters. Schalen mit reinigendem Wasser stehen vor den Buddhas. Links auf dem Regal liegt ein heiliges Buch.

17. Komfort der Bergbewohner – Die prunkvolle Küche befindet sich in einer Ecke des Raums, wo unter dem eisernen Dreifuß ein offenes Feuer brennt. Unter dem rechteckigen Trockengestell hängt Hirschfleisch zum Räuchern. In die vertäfelten Wände sind viele Regale und Schubladen eingelassen, in denen Vorräte, Gewürze und Geschirr aufbewahrt werden.

18. Bratkartoffeln – Die schöne Karmu kocht mit Eleganz. Auf den Regalen befinden sich in Reichweite alle notwendigen Zutaten. Ihre Ohrringe sind aus Gold, und ihre Kette besteht aus seltenen Steinen. Sie ist neunzehn und nicht verheiratet.

19. Sie trinken gern! – Von klein auf gewöhnen sich die Bergbewohner daran, *rakshi* zu trinken. Das Mützchen ist aus rosa Satin, die Holzschale ist mit Silber ausgekleidet.

20. Exorzismus – Naropa hat Figürchen aus Mehlteig auf dem Weg aufgestellt. Sie sollen verhindern, dass die Krankheit seines Vaters zurückkehrt, die der Priester mit speziellen Riten vertrieben hat.

21. Rüstiges Alter – Sie ist achtundachtzig, sie lebt allein, und ihre Geschichten bringen alle zum Lachen.

22. Das «Brot» des Hochlands – Jeder verknetet in seiner Schale das geröstete Gerstenmehl mit Buttertee zu *tsampa*.
Die hübschen Dorfbewohnerinnen tragen alle goldene Ohrringe.

23. Leichenschmaus – Hier werden nur Frauen und Kinder bewirtet; nach Hirsebier, *rakshi* und Buttertee bietet die Witwe des verstorbenen Passang *tsampa* an und dann noch Reis mit Gemüsecurry. Im Vordergrund kümmert sich eine Frau um ihr Baby in der abgedeckten Wiege.

24. Man kann den Toten helfen – Wenn das sehr lange Verlesen der Totengebete im Zimmer des verstorbenen Passang beendet ist, beginnt die rituelle Musik: Man schlägt die dicke Trommel, bläst die langen Trompeten, und vor dem Hausaltar oder neben jeder Teeschale werden die Butterlämpchen angezündet. Die Papierscheiben der Fenster sind geschlossen. No Babu läutet die Kultglocke.

25. Die Teufel in uns – Die Masken aus dem Tempel werden zum Tanz der Dämonen verwendet. Ihre verschiedenen Farben entsprechen bestimmten dunklen Mächten, die man günstig stimmen muss.
Die Haare bestehen aus Yakschwänzen. Die Größe der Masken verweist darauf, dass die Dämonen stärker sind als der Mensch und dass man sie ohne die Hilfe der Magie nicht besiegen kann.

26. Heiliges und seltsames Halbdunkel – Der Tempel von Tarkhe mit seinen lackierten und vergoldeten Pfeilern wird nur von dem Licht erhellt, das durch die Tür fällt. Wie die meisten Tempel Nepals wurde er von wandernden tibetischen Künstlern ausgeschmückt. Die Dreiheit der Buddhas überragt den Altar, auf dem die Opfergaben stehen: Wasser, Reis und heiliges Licht. Rechts sind vier dicke Bücher zu erahnen, die zum Kanjur* gehören; links die doppelseitige Trommel.

* Der aus 108 Bänden bestehende Kanjur (oder Kangyur) ist eine der beiden großen tibetischen Sammlungen heiliger Schriften und überliefert die Worte Buddhas.

27. Zehn Millionen Gebete – Topdge dreht die mit alten nepalesischen Buchstaben verzierte große Gebetsmühle. Man erkennt ein Glöckchen, das von der Decke hängt: Es läutet bei jeder Drehung des riesigen Zylinders.

28. Tanzabend – Die Dorfbewohner sind fröhlich: Sie nutzen den kleinsten Anlass, um zu trinken, zu singen und sich zum Sherpa-Tanz aufzustellen, sobald es dunkel ist. Alle singen, während die Jungen mit leisen Schritten den Tanz anführen. Die schüchternen Mädchen sitzen in der Mitte und warten, dass sie in den Tanz mit einbezogen werden. Im Hintergrund die Masten der Gebetsfahnen, die den Dorfplatz säumen.

29. Der lange Weg der Büßer – Von Thare Pati (was steiles Schutzdach bedeutet) muss man tief in die Schlucht hinabsteigen, um im Norden den Pass des Todes zu erreichen.

30. Das Ziel der Pilgerreise – Unter dem Eis des Gosainkund ruht der von seinem Fieber geheilte Gott Shiva; er hat mit seinem Dreispitz die heilige Quelle erschaffen. In der Ferne, im Nordwesten, erhebt sich die Kette des Ganesh Himal bis in 7.406 m Höhe. Man erkennt ein paar Dächer, die bei Monsun Schutz bieten. Wir sind allein an diesem verlassenen, schneebedeckten Ort, die ersten Pilger des Jahres.

31. Neugieriges Kind – Die berühmten Heiligtümer des Kathmandu-Tals und die Wunderwerke der Hauptstadt ziehen die Buddhisten aus dem Himalaya und Tibet an.

32. Der König geht mit gutem Beispiel voran – Auf dem Platz von Patan (Durbar Square) stehen Holzpagoden mit bunten Schnitzereien neben dem 1637 aus Stein erbauten hinduistischen Krishna-Tempel. Von einer Kobra beschützt, betet König Yogendra Malla auf einer steinernen Lotusblüte, die eine Säule krönt. Diese Art Denkmal ist typisch für Nepal.

33. Zu Ehren Buddhas – Die Nischen des Mahabodhi-Tempels im Herzen von Patan enthalten Hunderte kleiner Buddhastatuen. Dieser Tempel, erbaut im 16. Jahrhundert von dem Priester Abhaya Raj, ist eine bescheidene Replik des Mahabodhi-Tempels von Bodhgaya in Bihar, dem Ort der Erleuchtung Buddhas (die Wuta-Si-Pagode in Peking erinnert ein wenig an dieses Bauwerk).

34. Kirtipur, Stadt des Ruhms – Die Chillandeo-*stupas* mit den Augen des Urbuddhas überragen die Ebene. Der Ort ist berühmt für den Widerstand, den er zwei Jahre lang dem 1768* schließlich siegreichen Gorkha-Eroberer leistete.

* Nach der Eroberung des Kathmandu-Tals durch die Gorkha wurde das Land 1768 zum Königreich Nepal geeint.

35. Die Augen der Erkenntnis – Seit dem 5. Jahrhundert ist Bodnath ein wichtiges Pilgerziel. Der *stupa* mit dem hoheitlichen Schirm auf der Spitze ist 45 m hoch. Die Kuppel, eingefasst von einem Mäuerchen mit Nischen, die Gebetsmühlen enthalten, ruht auf einem sternförmigen dreifachen Sockel. Die dreizehn Stufen des Turms symbolisieren die dreizehn Paradiese, die der Befreiung vorausgehen. Das Zeichen anstelle der Nase steht in Sanskrit für die Zahl eins: der Einzige. Das dritte Auge zwischen den Brauen ist das Symbol für die transzendente Weisheit.

36. Lamatempel – Der Cini-Lama von Bodnath wird die Zeremonie der tausend Opfergaben leiten – Feuer, Wasser, Reis, Mehl und *torma* (konusförmige Gebilde aus Mehlteig, Butter und Zucker). Die heilige Dreiheit der Buddhas thront auf dem Altar, auf Fresken ist das buddhistische Pantheon dargestellt. Die Butterlämpchen im Vordergrund brennen noch nicht, aber im Bronzekessel lodert die ewige Flamme.

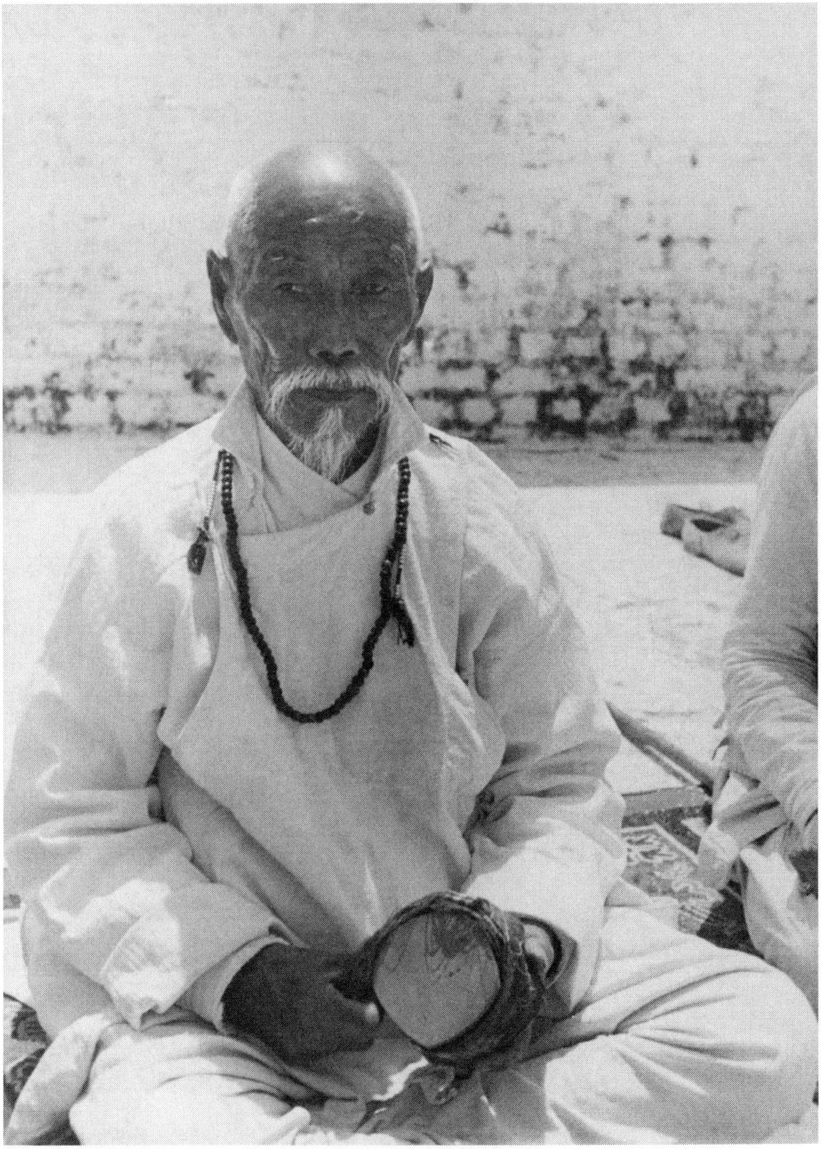

37. Gesicht eines Weisen – Der Alte in nepalesischer Tracht mit Gebetskette um den Hals spielt eine kleine doppelseitige Trommel.

38. Vielfalt der Klänge – Die traditionellen Instrumente, die den Tanz der Dämonen begleiten, bringen unvergleichliche Töne hervor: tibetische Trompeten aus Kupfer und Silber, Schneckenhörner, *sahnai*, eine Art Oboen, Zimbeln und Trommel.

39. Der Cini-Lama von Bodnath – Er wird so genannt, weil sein Großvater aus China kam. Er gehört einem nicht reformierten buddhistischen Orden an, in dem die Heirat erlaubt ist. Er trägt das traditionelle Gewand aus gelber Seide und hält die doppelseitige Trommel und die Glocke, Symbol der höchsten Leere. Der Donnerkeil auf seiner Mütze versinnbildlicht die Macht Buddhas.

40. Erholung für die Dämonen – Bei den Elefanten vor dem Tempel von Bodnath warten die Tänzer auf das Ende der Pause. Ihre schweren geschnitzten und bemalten Masken verraten den Einfluss des Tantrismus auf den tibetischen Buddhismus: Die kleinen Totenköpfe auf den Masken stehen für die fünf Gifte des vergänglichen Lebens, die sich wandeln und zu den fünf Weisheiten des ewigen Lebens werden müssen.

41. Der Magier mit dem schwarzen Hut – Er führt den Tanz der Dämonen an. Im Spiegel in der Mitte des Huts werden die von der Zauberkraft des Mannes herbeigerufenen Gottheiten zu sehen sein. Die beiden *makaras* ind Wasserdrachen. Buddhas Donnerkeil im Weltenkreis ist der Bezwinger des Todes, und er herrscht über die fünf Elemente der Schöpfung, die von den fünf Farben der Schleifen dargestellt werden.

42. König und Königinnen von Nepal – Dieses schöne Standbild aus dem 17. Jahrhundert befindet sich am Eingang von Kathmandu. Auf dem Elefanten reitet König Pratapa Malla, der 1661 an seinem Hof zwei (über Tibet) aus Peking kommende Jesuitenpater* empfing. Der König und seine beiden Ehefrauen schauen in Richtung Himalaya. Von der Schulter einer Königin fliegt ein großer Rabe auf.

* Die beiden Jesuiten Albert d'Orville und Johann Grueber waren wahrscheinlich die ersten Europäer, die Nepal besuchten (siehe S. Lévi, *Le Népal*, a.a.O., S. 80–88).

43. Der Vishnu-Adorant – Eine herrliche Statue aus dem 17. Jahrhundert auf dem Großen Platz von Kathmandu stellt Garuda dar, König der Vögel, Reittier und treuer Diener Vishnus, halbmenschliches Wesen mit mächtigen Raubvogelschwingen. Die Schlangenkette erinnert an eine Legende, die von der Versöhnung zwischen dem Luftreich und dem unterirdischen Reich berichtet.

44. Shiva Bhairava und das Mädchen – Das religiöse Leben ist nicht zu trennen vom normalen Leben; auf Schritt und Tritt sieht man, wie eng beide verbunden sind. Die Götter werden mitten auf der Straße verehrt.

45. Die zehn Köpfe Ravanas – Der König der Dämonen ist eine der Figuren, die einen Hochzeitszug begleiten.

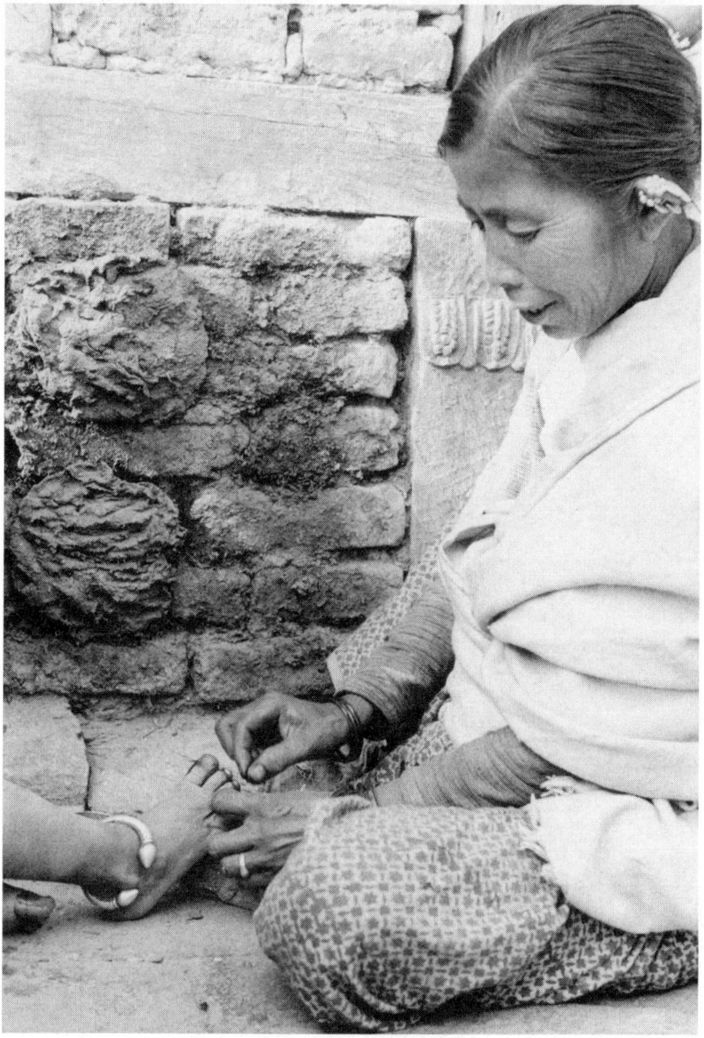

47. Fußpflege – Neben einer Pagode pflegt und lackiert diese Frau einem Mädchen die Fußnägel.

46. Devotion des Pilgers – Ein Frommer streut sich das vom Priester geweihte Kurkumapulver auf den Scheitel. Solche kunstvoll ziselierten Bronzetafeln sind typisch für Nepal. Man erkennt die Türhüter oder *makara* und die *naga*, Schlangenfürsten und Wächter der irdischen Energie.

49. Das klare Wasser der Pranalis – Hübsch sind die vielen von frommen Menschen gespendeten öffentlichen Brunnen mit ihren steinernen oder bronzenen Wasserspeiern, die *makara*, Reittiere der Göttin Ganga, zieren.

48. Das Zentrum Kathmandus – Die auf neun Stufen thronende königliche Pagode, 1549 erbaut, ist Taleju geweiht, einer Inkarnation der Devi, die dem König Harisimha zu Hilfe kam, als er 1325 Nepal eroberte. Die Pagode wird sechsunddreißigmal im Jahr benutzt.

50. Radha-Krishna-Tempel – In Nepal kann man gut sehen, wie die uralte Holzarchitektur dem Steinbau vorausging und ihn beeinflusste.

51. Holzschnitzereien in einem Hof des Basantapur-Platzes – Die überragende Qualität der Schnitzkunst erregt jedes Mal Bewunderung.

52. Neujahr in der Hauptstadt, im April – Der heilige Wagen mit dem Idol des Kleinen Matsyendra (ein Stück Holz) wird von den Anhängern dieses von Buddhisten wie Hindus verehrten nepalesischen Schutzgottes durch die Stadt gezogen. Der Kult des Regengottes wurde in Nepal im 7. Jahrhundert von Narendra Deva eingeführt. Jeder versucht, den Wagen zu berühren, auf dessen Deichsel die heilige Flamme brennt. Die Frauen stehen etwas abseits auf den Stufen der nahen Pagoden. Weder mir noch meinem Fotoapparat begegnet man mit Feindseligkeit.

53. Der kleine Prozessionswagen – Die drei Augen der Gottheit schmücken die Holzräder. Weiter hinten sieht man zwei zeremonielle Schirme den Platz von Bhaktapur überqueren: Es sind zwei Jungverheiratete, die in Sänften sitzen.

54. Männer in weiten Röcken – Die Priester des Tempels der Bhavani, Göttin der Erde, in Harishiddi, tragen die alte nepalesische Tracht, die immer seltener wird.

55. Wohltätig, aber schrecklich – Der Mahakala steht auf dem großen Platz der Hauptstadt. Im Volksmund wird er «der große Schwarze» genannt, er ist die nepalesische Erscheinungsform Shivas, die «große Zeit», der «Verschlinger aller Zeiten». Eine der sechs Hände ist mit der *trishula*, dem Dreispitz, bewehrt. Die Dämonen, die er besiegt hat, hängen als Kette an ihm herab. Sonne und Mond gehorchen ihm. Sein Fuß zermalmt die Unwissenheit. Der sitzende Priester ist ein Brahmane.

56. Der schreckliche Shiva aus goldlackiertem Holz – Ein grandioser Bhairava-Kopf auf dem Rücken einer Schildkröte, Symbol der Dauer. Zwischen dem Priester und dem Mädchen die Ritualgegenstände. Das dritte Auge steht für das transzendente Wissen.

57. Am Swayambhu-Heiligtum – Buddhas und *chaitya*, Schreine, schmücken den Fuß des Hügels; dreihundert Stufen führen hinauf zum *stupa*, Pilgerort seit 2.300 Jahren. Die Legende weiß von einem noch älteren Ursprung des heiligen Orts; er soll von einem bengalischen König, Prachanda Dev, gegründet worden sein, der nach Nepal kam, um Bettelmönch zu werden.

58. Bronzeblüten – Ein strahlender Buddha des Mitgefühls thront dahinter.

59. Affe, der auf Reis wartet – Vier Nischen markieren die vier Himmelsrichtungen des *stupa* von Swayambhu, der den berühmten Hügel krönt. Der Buddha dominiert das Schmuckschild über dem Fenstersturz. Man erkennt die Wasserungeheuer und Schlangenfürsten, die Wächter der Schätze.

60. Praktizierender Priester – Vor dem kreisrunden *mandala* des Universums, mit der kupfernen Mitra auf dem Kopf, zelebriert er für einen Pilger den Ritus. In dem quadratischen Bronzebecken wird dem Feuer, dem Götterboten, geopfert. Die Inschrift am Tempel lautet: «Ich verneige mich vor Buddha, vor der Gemeinschaft und vor der Lehre.»

61. Vor dem Shitala-Heiligtum – Den Anweisungen des Priesters folgend, gießen die Pilger reinigendes Wasser über die Opfergaben, süßen Reis und Blumen, die sie schon auf dem *mandala* platziert haben. Links sind Gebetsmühlen zu erkennen. Shitala: «die Kühlende».

62. Tara, das Meisterwerk von Swayambhu – Tara, den *bodhisattva* gleichgestellt und Frau des zukünftigen Buddha, ist eine heilbringende Göttin. Ihre Hand hielt einst eine Lotusblüte. Die Statue samt Heiligenschein ist aus vergoldeter Bronze. Vor hundert Jahren rühmte Pater Huc die Meisterschaft der Nepalesen in der Kunst des Bronzegießens.

63. Brahmanenpriester in Budhanilkantha – Er trägt Gebetsketten, wie sie für die Anbeter von Shiva und Vishnu typisch sind. Vishnu, Shiva und Buddha sind ein und dasselbe, heißt es im *Nepala Mahatmya*.*

* Über dieses Buch und den religiösen Synkretismus in Nepal siehe Sylvain Lévi, *Le Népal*, a.a.O., Bd. 1, S. 204.

65. Kleiner Vishnu auf dem Wasser – Bevor er «das Tal» verlässt, besucht der Pilger noch einen berühmten Ort: in der Zeit der Auflösung des Universums schläft das Ewige Wesen auf dem kosmischen Ozean, während die Schlange Ananta («unendlich») ihn mit ihren neun Köpfen schützt. Die Figur aus dem 17. Jahrhundert ersetzte den Großen Vishnu, den der König in Budhanilkantha nicht mehr verehren konnte, ohne den Tod zu riskieren.

64. Königlicher Brunnen – Er befindet sich neben dem Kleinen Vishnu im Park von Balaji.

NACHWORT

Zwischen Himmel und Erde Hockey spielen

1. Vermutlich hätte mich Ella Maillart auf keine ihrer Reisen mitgenommen: Dafür fehlt mir, Kind einer idyllischen deutschen Hügellandschaft, eindeutig die Konstitution der Tochter einer sportbegeisterten Dänin und eines erfolgreichen Pelzhändlers vom Genfer See, die Verve der olympischen Einhandseglerin und kühnen Skifahrerin in den Walliser Bergen, ihre Kraft, über Wasser und ewigen Schnee zu fliegen, und ihr Mut, in die dünne Luft nepalesischer Gipfel bis an die Grenze des Himmels zu steigen. Von ihrer Eleganz beim Schweizer Landhockey ganz zu schweigen.

Es ist allerdings eine Abenteuerlust der besonderen Sorte, eine eigene Vision, die weit über sportlichen Ehrgeiz hinausgeht, von der Leben, Reisen und Werk Ella Maillarts getragen sind; für heutige Leser von der Ahnung grundiert, dass sich, selbst wenn sie es wollten (ich wollte es nie!), in Zukunft so nicht mehr reisen lässt, denn die Zeiten sind anders: Den Furor des ausufernden Massentourismus des 21. Jahrhunderts, wie auch immer man ihn bewertet, hat Ella Maillart sicher geahnt, aber in seiner dunklen Blüte nicht mehr erlebt.

Umso bereichernder ist die Lektüre, in jeder Zeile beglückend und erhellend zugleich, umso mehr, als Maillarts Berichte von der Kraft ihrer fotografischen Bilder zehren, von einem so unbestechlichen wie zugewandten Blick, der sich, ob Mensch, ob Landschaft, ob Gegenstand, immer dem

Gegenüber zuneigt und sich niemals, wie heute so oft unter Reisenden üblich, in der Selbstbetrachtung verliert. «Das Schicksal», so Ella, «gab mir Augen, die das Sehen lieben.» Ihre Bilder, allen voran ihre Porträts, sind der Beweis dafür.

Dasselbe gilt für den emphatischen Text einer Schriftstellerin, die weit davon entfernt ist, sich als solche zu stilisieren, und nicht selten betont hat, dass ihr das Schreiben, gleich in welcher Sprache, nicht leicht von der Hand ging. Daraus resultiert ein Text, der, bisweilen spröde, dabei nur scheinbar einfach, sich niemals anbiedern will, sich vor allem aber niemals verkunstet, weil er immer auf den Kern des Gesehenen und des Erlebten zielt, wohl wissend, dass dieser Kern, in letzter Konsequenz, nicht zu erfassen ist und sich darum auch nicht poetisch verbrämen lässt: «Ich bin die Bäuerin, die ihre Eier auf den Markt bringt», konstatiert sie gelassen.

Kein Zufall also, dass ein anderer großer Reisender, Nicolas Bouvier, in seinem Vorwort zu einem anderen Buch Ella Maillarts den französischen Missionar Pater Huc zitiert, der über seine Berichte aus den Zentralprovinzen Chinas Folgendes schreibt: «Wie hätten wir uns jemals anmaßen können, ein literarisches Werk zu schreiben; wir haben lediglich versucht, mit schlichten Worten von unseren langen und beschwerlichen Reisen in Innerasien zu berichten.»

Aber Pater Huc, so kommentiert Bouvier, «war viel zu klug, um nicht zu wissen, dass die Meisterwerke der Reiseliteratur genau so geschrieben werden (...) Die packende Frische der Wahrnehmung, eine äußerst präzise Sprache, ja eine Reisephilosophie, die der Autorin erlaubt, ihr Abenteuer zu erleben, ohne es gezielt zu steuern (...) bestätigen meine Ansicht, dass es oft von größerem Nutzen ist, die Bücher schreibender Reisender zu lesen, als die reisender Schriftsteller (...)»

Ein Einwand, der mich ganz nebenbei höchst persönlich betrifft, weil ich niemals eine schreibende Reisende war, sondern, im Gegensatz zu Ella Maillart, bis heute, ungeachtet des Gegenstands meiner Betrachtung, ausschließlich reise, um überhaupt schreiben zu können. Umso lieber wäre ich damals mit dabei gewesen, um den Spieß meines Schreibens umzudrehen und den Blick auf das andere, Neue zu richten. Nicht zuletzt, weil Ella Maillart, aller Neugier und ihrem ethnologischen Interesse zum Trotz, grundsätzlich einen Schritt weitergeht. Sie sucht, was heute beinahe naiv anmuten könnte, nach der Wahrheit hinter den Dingen, nach einem großen Zusammenhang, auf der Suche nach einer Antwort auf die Fragen des Lebens, die zwanzig Jahre nach ihrem Tod nicht kleiner, sondern zunehmend größer werden.

2. Um das dingfest zu machen, genügt ein Tagesausflug von meiner Einsiedelei in der Ringackerkapelle im Walliser Leuk mit dem Postbus über die Sprachgrenze hinüber und hinauf ins französischsprachige Chandolin, in das zweithöchst gelegene Dorf Europas, das, auf einer Höhe von knapp 2.000 Metern und erst seit 1960 durch eine Fahrstraße erschlossen, sommers wie winters bewohnt ist und wo man im *Espace Ella Maillart* die kleine Hinterlassenschaft der großen Reisenden bewundern kann, die dort die letzten Jahre ihres Lebens verbrachte.

Die in der ehemaligen Kapelle Saint-Barbe untergebrachte Dauerausstellung präsentiert im Angesicht der ewigen Viertausender Fotografien, Zeichnungen, Artikel, Handschriften, Briefe und Plakate; und jede Menge faszinierender Gegenstände, Weltreisesouvenirs, die man sich, in Ermangelung eines Katalogs, am liebsten in die Tasche stecken würde, um sie zuhause genauer zu betrachten.

Ein freundlicher Diebstahl, der niemandem auffallen würde, denn außer mir ist niemand vor Ort, ich bin der einzige Gast. Die Tür zum winzigen Chalet, dem *Espace Ella,* steht trotzdem ganzjährig offen, von sieben bis sieben keine Wärter und Wächter. Doch der Besucher spürt sofort, dass hier, bei aller Bescheidenheit der Präsentation, eine Hinterlassenschaft liegt, die keinen Raubbau duldet, weil dem Besucher umgehend klar wird, dass diese Schriftstellerin selber nie Raubbau trieb, weder an sich noch an der wirklichen Welt, der sie lebenslänglich verhaftet blieb.

Ellas *Espace* in Chandolin bietet in der Stille und Konzentration des Raums rasante Filmschnitte: In Sekundenschnelle ist man in Zeit und Raum überall und nirgends zugleich. Während draußen die Februarnachmittagssonne die hohen Schneehaufen auf den Dächern der Hütten erfolglos zum Schmelzen zu bringen versucht, verwandelt sich das, was drinnen ist, in die kurze Reise durch ein sehr langes Leben, in dem Ella Maillart nicht nur Nepal besuchte, sondern bereits vorher unter abenteuerlichsten Bedingungen ganz andere Karten abschritt.

Aber es war schließlich das Land der Sherpas, jenes Land, von dem im vorliegenden Text die Rede ist, das sie, auf so kuriose wie besondere Weise, immer wieder an ihre eigene Heimat erinnert, an das Leben der Bergbauern im Schweizer Wallis. Wenn es stimmt, dass man, auf Grundmuster der Wiedererkennung angewiesen, nur erkennt, was man kennt, so ist Ella Maillart im Nepal der längst versunkenen frühen fünfziger Jahre des letzten Jahrhunderts womöglich auf viel Bekanntes gestoßen: auf einen geschlossenen Raum, der sich, genau wie das Wallis, im politischen Umbruch erst allmählich zu öffnen beginnt, auf den Tourismus und auf die Reste einer traditionellen bäuerlichen Welt, deren für Fremde so magischer Zauber mit allen Risiken und Nebenwirkungen plötzlich beginnt, auf globale Frischluft zu stoßen.

Doch jenseits aller Vergleichbarkeit bleibt das scheinbar Bekannte unbekannt: In jeder Zeile Maillarts stößt man auf Neues, das das Gewand des Bekannten nur vortäuscht und sich permanent dem Vergleich entzieht. Als hätte das Matterhorn ihr nicht genügt, wollte Ella, die die Schweizer Berge so liebte und immer wieder von ihrer Sehnsucht nach Sonne und Schnee spricht, offenbar höher hinaus, vielleicht um die Viertausender aufzustocken und dem Himmel noch etwas näher zu sein.

Also reist sie ins Land der Achttausender, ins Land des doppelt so hohen Mount Everest, «Göttin Mutter der Winde» oder «Mutter der Welt», dem die Engländer den Namen eines britischen Landvermessers gaben, einen Namen, der, wie Ella ironisch bemerkt «glücklicherweise ‹ewige Ruhe› bedeutet, was gewiss vielen anderen englischen Namen vorzuziehen ist». Womit sie unmissverständlich deutlich macht, dass sie sich nicht zu den «Gipfelfanatikern» rechnet – sie zieht die Betrachtung der Eroberung vor.

3. Denn die «ewige Ruhe» ist doppeldeutig, meint sie doch beides: den Aufstieg und die Gefahr des Todes, der jedem Aufstieg naturgemäß innewohnt. Nirgendwo lässt sich besser als hier die Falle menschlichen Ehrgeizes studieren, weshalb es naheliegt, dass Maillart ihrer Hommage an das Land der Sherpas einen Auszug aus einem Text Milarepas voranstellt, eines buddhistischen Mystikers des 12. Jahrhunderts: «Wer seinen Dämon Ehrgeiz nicht bezwingt, erntet im Streben nach Ruhm nur Zwist und Untergang. In der Sucht zu gefallen wirken die fünf Gifte.»

Sie wirken bis heute, denn die Sehnsucht nach Aufstieg lässt einfach nicht nach, sie ist im Gegenteil nur größer geworden, was immer ihr Motor auch sein mag: Die Statistik listet Zehntausende Besteigungsversuche, wobei es nur einem von fünf Aspiranten gelingt, den Gipfel tatsächlich zu erreichen; bis 2013 ließen insgesamt 248 Menschen am Everest ihr Leben, was seine Faszination ins Phantastische steigert. Ein Ende der Expeditionen ist nicht abzusehen, die Gipfelstürmer bezahlen dafür jeden Preis, die Bergsteigerbranche boomt, und der Tourismus lebt, selbst da, wo er sich ökologisch gibt und versucht, seine Spuren zu verwischen.

Und nach wie vor sind es die Sherpas, die die Gipfelstürmer gen Himmel und auf die ihnen heiligen Berge begleiten, die ihre Lasten und ihre Ausrüstung tragen, mit einer Mischung aus Geschäftstüchtigkeit und Humor, den Maillart in ihrem Text immer wieder betont, zum Beispiel wenn sie Eric Shipton zitiert: «Wenn ein Sherpa nach langem, mühsamem Aufstieg auf dem Gipfel entdeckt, dass man ihm einen schweren Stein ins Gepäck geschmuggelt hat, lacht er genauso herzlich wie seine Gefährten, die sich den Bauch halten.» Oder ihren Freund Raymond Lambert: «Ihr natürlicher Adel und ihre Fröhlichkeit sind unvergesslich. Und die Frauen sind dort wirklich dem Mann ebenbürtig – beim Feiern wie bei der Arbeit ...»

Im Vergleich dazu schneiden die Bergbauern des Wallis eher schlecht ab, wo die Berge, schreibt Ella, dazu neigen, «sie zu erdrücken und hinterhältig zu machen, wie es in den Weilern der Hochalpen so oft der Fall ist». Doch wer weiß, welche Projektionen hier mit im Spiel sind, vielleicht sind spirituelle Romantik und «natürlicher Adel» nur in der Ferne zu haben: Man sieht, was man sucht. Mein kurzes Leben im Wallis des 21. Jahrhundert hat mich längst über die Fallen der Wahrnehmung des reisenden Gastes belehrt, und mein noch kürzerer Besuch in Chandolin lässt einmal mehr berechtigte Zweifel aufkommen.

Nicht was den so unaufhaltsamen wie zweifelhaften Fortschritt betrifft, der, nicht anders als in Nepal, dieses «unvergleichliche lebendige Museum zuschanden» macht, sondern was die Metapher des Museums selbst betrifft, das seiner Natur nach nicht sehr lebendig ist, weil es immer versucht, die Zeit anzuhalten und folglich zu einer Form von Verklärung neigt, die den Bewohnern des Wallis bis heute fremd ist und der sie mit nicht weniger Humor begegnen als die Lastenträger im fernen Nepal.

Denn auch auf dem «Scheitel der Welt», als den die Walliser Schriftstellerin S. Corinna Bille Chandolin in einem ihrer Romane poetisch bezeichnet, hat man längst begriffen, dass Fortschritt und Rückschritt immer Hand in Hand gehen und dass man der Suche nach dem ewigen Himmel am besten mit Selbstironie begegnet, weil man mit ihr überall auf der Welt ein Geschäft betreibt, gegen das weder der von Ella mit großem Misstrauen betrachtete Kommunismus noch die Schweizer Demokratie ein probates Gegengift kennen.

4. Nicht nur jeder Reisende, auch jeder Daheimgebliebene muss notwendigerweise Schnittmengen bilden, zwischen gestern und heute, zwischen dem, was war, und dem, was ist, zwischen dem Bekannten und dem Unbekannten. Die große Kunst, mit Paradoxien zu leben: «Einmal», schreibt Ella, «überhole ich eine Reihe Träger (...), stolz und lächelnd, trotz ihrer 50 kg schweren Lasten. In dem Moment sehe ich, von einem Mann auf dem Rücken getragen (...), eine der beiden Frauen des Lama von Bodnath; (...) Dick und im Gebirge unfähig zu gehen, hat sie drei Tage ‹sitzend› auf einem Brett verbracht, das der Mann mit Hilfe eines Stirnriemens auf dem Rücken trägt.»

Doch mein Lieblingssatz aus dem *Land der Sherpas* ist die prosaische Auskunft desselben Lamas, Mann zweier Frauen, der offenbar keinen Widerspruch darin sieht, seine Tochter (mit dem Flugzeug!) in die englische St.-Joseph-Klosterschule nach Darjeeling zu schicken, denn: «Sie lernt dort, auf Erden Hockey zu spielen.» Was ihm, so Ella, nichts von seiner Heiligkeit nimmt.

Das hätte allerdings auch der etwas weniger heilige Walliser Postbusfahrer sagen können, der vermutlich weniger als zwei Frauen hat, aber womöglich auch eine Tochter, die Hockey spielt, und der jeden Tag, von unten nach oben und wieder zurück, als tollkühner Kutscher seiner touristischen Fracht, immerhin weit über tausend Höhenmeter zurücklegt und nicht dazu neigt, aus seinem Alltag eine poetisch verwertbare Mördergrube zu machen. Dafür macht er in jeder Kurve Witze.

Wer heute nach Chandolin hinauffährt, vergisst in der Regel, dass Chandolin, bis kurz bevor man die Straße baute, ein Dorf nomadisierender Saisonarbeiter war, die im Februar ihre Hütten verließen, um weiter unten nach Arbeit zu suchen. Und damit vermutlich genau der richtige Ort ist, um *Im Land der Sherpas* noch einmal in Ruhe von vorn zu lesen und sich die eigene Reise nach Nepal zu sparen.

Denn wer Ella lesend begleitet, sieht auch das Wallis mit anderen Augen: «Die robusten Sherpas leiden nicht unter der Kälte – so wenig wie die Großeltern unserer Bergbewohner, die unter so primitiven Bedingungen lebten, dass wir sie unerträglich finden würden.» In jedem einzelnen Satz kürzt sie die Kraft ihres Aufbruchs und Aufwands auf eine allgemein haltbare Formel herunter. Sie setzt die Welt mit sich selbst ins Verhältnis, das Eigene mit dem Anderen und das Andere mit dem Eigenen, wobei sich ihr Blick von außen nach innen richtet, nicht von innen nach außen, weil sie besser als andere weiß, dass wir, jenseits des Schauens, das Wenigste in Erfahrung bringen.

Maillart ist eine Meisterin der Beschreibung, die über die große Gabe verfügt, sich nicht subjektiv spekulativ zu verlieren. Sie zieht, um im sportlichen Bild zu bleiben, die Rückhand immer der Vorhand vor; sie nimmt den Ball auf, der ihr entgegenkommt, doch sie kämpft nicht, sondern sie kommuniziert, ohne den eigenen Standpunkt aus dem Blick zu verlieren. Dass sie im Eifer, sich das Fremde zu eigen zu machen, das Eigene manchmal befremdlich findet, spricht nicht gegen, sondern nur für sie.

5. In Chandolin geht es mir, umgekehrt, ganz genauso, angezogen von einer Welt, in der ich bis heute nur durchreisender Gast bin und die mir nicht weniger fremd ist als das

Land der Sherpas. Denn, vom *Espace Ella Maillart* einmal abgesehen, ist an einem sonnigen Fasnachtsdienstag auf dem Scheitel der Welt neben dem neu eröffneten Wellnesshotel, dessen Eingangsbereich eine riesige Champagnerflasche aus Plastik ziert, außer dem kleinen Büro für Tourismus und einem Kiosk, der Postkarten, Kaffee und Tee verkauft, der ganze Rest gründlich vernagelt, verriegelt.

Einzig die katholische Kirche ist nicht nur geöffnet, sondern sogar beheizt, weshalb ich drei Franken in einen Schlitz werfe und beherzt drei Kerzen anzünde: die erste für Ella, die zweite für mich und die dritte für ein paar kleine Kinder, die, allzu behütet und schlecht geschminkt, ohne besonderen Effekt und Erfolg versuchen, sich in die Schatten der großen Hexen von früher zu verwandeln. Ihr Anblick ist trostlos: wie sie verkleidet, maskiert durch die Straßen ziehen, um unter pädagogischer Aufsicht die wilden Masken von gestern zu spielen. Niemals wird aus ihnen ein echter Tschäggätu werden, einer jener Dämonen aus dem benachbarten Lötschental, die bis heute die Touristen begeistern. Von Magie keine Spur, denn in Wirklichkeit warten sie nur darauf, dass der Postbus sie noch vor Sonnenuntergang wieder nach unten in Sicherheit bringt, zurück in menschlichere warme Gefilde.

Während ich von Kinderhexen umzingelt auf den Postbus warte und Kaffee aus einem Pappbecher trinke, lese ich fröstelnd weiter: «Und dort, im hintersten Nepal, wo man gestern noch nichts von der Existenz Europas wusste, lebt an steilen Hängen ein fröhliches, tapferes und unglaublich robustes Bergvolk.» Und fühle mich lesend plötzlich ertappt und auf unerwartete Weise berufen, die Quersumme aus

Nepal und Chandolin zu bilden: aus Postbus und Trägern, aus Aufstieg und Abstieg der dicken Touristen, aus Not und Tugend, aus Gewinn und Verlust, aus gestern und heute, aus dem, was an gestern so heutig und an heute so gestrig ist; wie meine lachhafte Übung, Ella Maillart wie ein Hund zurück in ihr Dorf zu folgen, ein kleiner windiger Schnüffler, der sich auf dem Dorfplatz plötzlich sehr einsam fühlt, weil ihm bereits auf 2.000 Metern Höhe die Weisheiten Milarepas nicht weiterhelfen.

Ella Maillart hätte das anders, besser gesagt, sie hätte sich meiner Poesie verweigert. Und sie hätte nicht aufgegeben. Sie hätte ganz sicher nicht den Postbus nach unten genommen, sondern wäre einfach weitergegangen, immer weiter nach oben und hätte dabei vermutlich einmal mehr Milarepa zitiert: «Ach, all die Schmerzen der Seelenwanderung! Elend, Elend! Wie soll man sie heilen?» Denn sie hätte sich, was mir nicht gegeben ist, vermutlich in einen Pilger verwandelt, der die Erkenntnis der einfachen Walliser Bauern immer weiter nach oben trägt

6. Historisch fasst nur eine Klage Fuß, die sich verwertbar in Kitsch verwandeln lässt, weil sich jenseits touristischer Attraktion niemand ernsthaft dafür interessiert, wie das Leben im Wallis womöglich wirklich (tatsächlich) war; denn es war niemals in Ordnung und im 12. Jahrhundert in Nepal vermutlich nicht glücklicher als hier, in Chandolin. Allerdings ist Glück bis heute keine messbare Einheit, allen Versuchen der nepalesischen Nachbarn Bhutans zum Trotz, die das Bruttonationalglück längst statistisch erheben und eine freundliche Partnerschaft mit dem Wallis betreiben.

Aber «das Glück ist vor allem eine Frage des Gleichgewichts zwischen der Welt, die die Menschen umgibt, und der Welt in seinem Inneren», zitiert Ella Maillart Fosco Mariani. Der Mehrwert spirituellen Erlebens lässt sich nicht statistisch erfassen, hier stößt die suchende Reisende an ihre Grenzen, wenn sie am Schluss ihres Buches schreibt: «Politische Unruhen bringen die alten Institutionen ins Wanken, die Grenzen haben sich geöffnet. Noch kann der Fremde Alltagsszenen erleben, in denen sich die Religion als untrennbarer Teil des menschlichen Lebens erweist. Aber die Überraschung verwandelt sich in Sorge, wenn er die Bedrohung verspürt, der dieses alte Konzept von der Welt und vom Leben ausgesetzt ist (...) So sieht es aus in unserem zwanzigsten Jahrhundert.»

Und «so spielt das Leben in unserem einundzwanzigsten Jahrhundert», ergänzt Pierre-Francois Mettan am Ende seiner so klugen wie erhellenden Einführung. Doch egal, wie das Leben heute spielt und wie abgetrennt auch immer wir sind, aus gutem oder aus schlechtem Grund – es bleibt bis heute die Religion, mit der sich nicht nur die Nepalesen, sondern auch die Walliser auf dem kleinen Scheitel der Welt mit ihrem Himmel ins rechte Verhältnis setzen. Womit, im Klartext, nicht ihre religiöse Praxis gemeint ist, sondern der Text, der an diese Praxis erinnert, genau wie die Masken im Lötschental, in die man bis heute frische Gesichter schnitzt.

In anderen Worten, die alte Erzählung von einer Zeit, die immer noch nicht vergangen ist, in der die Menschen weder Götter noch Dämonen waren und ihre sagenhaften Stellvertreter, mühelos ohne Führer und Not, einzig kraft der Erzählung, jeden beliebigen Gipfel erreichen ließen, ohne dabei selbst zu Tode zu kommen. Seltsame, scheinbar vergangene Zeiten, von denen nur noch selten die Rede ist. Das ist weder romantisch noch nostalgisch gemeint, denn man sollte den Wettbewerbsgeist der Götter nicht unterschätzen: Wer, wenn nicht sie, sind die Gipfelfanatiker der ersten Stunde.

Wie die Geschichte von Padmasambhava beweist, der den Buddhismus von Indien nach Tibet brachte und damit Ella Maillart nach Nepal lockte. Der Sage nach herausgefordert von einem Lama der Bön-Religion, lässt er sich auf einen Wettlauf zum Gipfel der «Mutter der Welt» ein. Wobei er dem Lama scheinbar den Vortritt lässt, der sich, getragen vom Ehrgeiz und seiner unbesiegbaren magischen Trommel, sofort auf den Weg zum Gipfel macht. Doch wider Erwarten ist Padmasambhava vor ihm da, Hase und Igel in einer Person, auf einem Stuhl sitzend von einem Lichtstrahl getragen, der ihn direkt zum Gipfel bringt. Der Herausforderer gibt sich geschlagen. Und bis heute sagt man, dass die Geister die Trommel des Verlierers schlagen, sobald eine Lawine zu Tal donnert.

7. Während bei Ella Maillart nepalesische Trommeln geschlagen werden, die Gebetsmühlen klappern und Gebetsfahnen knattern, läuten in Chandolin die alten katholischen Glocken, und ich verspüre, unter der Last der eisigen Gipfel, den Wunsch, drei weitere Kerzen anzuzünden. Aber ich scheue den kurzen Weg zurück, weil die Sonne inzwischen verschwunden ist. Denn ich habe längst kalte Füße bekommen und, genau wie die Hexenkinder, die schlichte Angst, den letzten Postbus nach Vissoie zu verpassen, wo ich vielleicht doch noch einen zweiten Kaffee bekomme, um Ellas Buch in Ruhe zu Ende zu lesen.

Ein Schluss, der mich nicht überrascht, sondern der mir inzwischen ziemlich bekannt vorkommt: Es ist der «entfesselte Dämon, der alles durchdringt». Was angesichts der Tatsache, dass ich Kaffee trinke, womöglich lächerlich wirken könnte. Doch die Begegnungen mit einer anderen Welt sind nicht auf Kälte und Drogen angewiesen, sie ereignen sich immer und überall, auch hier in Vissoie, während der vom «Dämon Scherz» besessene Postbusfahrer zum Aufbruch drängt, denn vor jedem Abschied muss die sogenannte Puja-Zeremonie durchgeführt werden.

Die Sherpas sind nämlich davon überzeugt, dass eine Puja zwingend notwendig ist, um Unheil abzuwenden, unabdingbar für menschlichen Seelenfrieden. Im Allgemeinen nehmen auch westliche Expeditionsteilnehmer daran teil, da sonst die Berggötter zornig würden. Weshalb ich mich, bevor ich den Bus besteige, vor den Masken der Walliser Bauern verneige, vor den Hexen, die keine Hexen mehr sind, und vor den Tschäggätä aus dem Lötschental, die den Wunsch nach dem Schrecken ihrer Touristen bedienen, indem sie, je wirklicher die scheinbar wirkliche Welt wird, umso größer und unwirklicher werden; wie Ellas Reise durch eine Welt, in der sich der König des Himmels unerwartet erhebt, um eine demokratische Rede zu halten.

Im Wallis ist Demokratie schon etwas länger der Fall. Doch während der demokratische König spricht, erzählen sich meine maskierten Begleiter noch immer die Geschichten vom Scheitel der Welt, den man nur mithilfe des Lichtstrahls einer Erzählung erreicht, in anderen Worten: mit einer Legende. Der Legende von der großen Ella Maillart, die bis heute vermutlich die Einzige ist, die weiß, wie man zwischen Himmel und Erde auf elegante Weise Landhockey spielt.

Was ein so schönes wie pathetisches Schlusswort wäre, allerdings dazu geneigt, am Ende das Wichtigste auszulassen: dass es nicht die Reise nach Nepal ist, nicht die Reisen nach China und zum Rest der Welt, sondern die Reise ins Wallis, die die Bücher von Ella Maillart so lesenswert und ertragreich machen. Wer einmal anfängt, Ella Maillart zu lesen, wird auch all die anderen lesen, die nicht weniger weit gereist sind als sie, um nach ihrer Rückkehr in ihre Walliser Arche über jene magischen Stühle Auskunft zu geben, die sie auf ihre schreibenden Gipfel brachten.

Zwei davon sind S. Corinna Bille und Maurice Chappaz, die nichts anderes suchten als Ella Maillart und in deren Texten es vom Witz der Walliser Bergbauern, ihrer Dämonen und Priester im Fegefeuer des ewigen Eises nur so wimmelt. Sogar Walliser Frauen kommen darin vor, die ihren Männern beim Arbeiten wie auch beim Feiern jederzeit ebenbürtig sind. Also: Reisende, Schreibende, Lesende aller Länder vereinigt euch – und kommt auf der Suche nach der Antwort auf die letzten Fragen hin und wieder ins Wallis, um zwischen Himmel und Erde Hockey zu spielen und das Geheimnis menschlicher Masken zu lüften!

Denn, so Maurice Chappaz: «Wir sind kühn, dreist, unmäßig. Einen Mord begehen ist nichts – glauben ist wichtig.» Aber «von der Religion sollte man nicht mehr nehmen, als man vertragen kann». Was ich, als die letzte Einsiedlerin von Leuk-Stadt, zusammen mit Ella Maillart mit beiden Händen und frischem Schnee unterschreibe, bis uns endlich gemeinsam der Lichtstrahl des 21. Jahrhunderts erfasst, um uns knapp neuntausend Meter weiter nach oben zu schicken, wo der Bön-Lama immer noch seine Trommel schlägt und die nächste Lawine nach unten rollt, um sich in die nächste Geschichte zu verwandeln, die vermutlich davon erzählt, dass wir der Bergwelt niemals gewachsen sein werden.

Leuk, im Februar 2018
Felicitas Hoppe

KOLLEKTION

NAGEL & KIMCHE

Herausgegeben von Peter von Matt

Gottfried Keller: *Martin Salander*
Roman. Mit einem Nachwort von Peter Bichsel.
384 Seiten, gebunden
«Dass der *Salander* nun wieder als Einzelausgabe erscheint, ist wunderbar.»
Andreas Bernard, *Süddeutsche Zeitung*

Adelheid Duvanel: *Beim Hute meiner Mutter*
Erzählungen. Mit einem Nachwort von Peter von Matt.
176 Seiten, gebunden
«Duvanel ist die Entdeckung des Jahres!»
Iris Radisch, *Die Weltwoche*

Jakob Schaffner: *Johannes*
Roman einer Jugend. Mit einem Nachwort von Peter Hamm.
560 Seiten, gebunden
«Ein Goldstück: *Johannes* ist da, vielleicht das schönste Buch des Jahres.»
Lars L. von der Gönna, *Westdeutsche Allgemeine Zeitung*

Arnold Kübler: *Der verhinderte Schauspieler*
Roman. Mit einem Nachwort von Peter von Matt.
320 Seiten, gebunden
«*Der verhinderte Schauspieler* gehört entschieden zur Kategorie ‹Die lang verhinderte Erste-Klasse-Lektüre›.»
Alexandra Kedves, *Neue Zürcher Zeitung*

Regina Ullmann: *Die Landstraße*
Erzählungen. Mit einem Nachwort von Peter Hamm.
184 Seiten, gebunden
«Man möchte ganze Bibliotheken hingeben für dieses kleine Wunderwerk.» Roman Bucheli, *Neue Zürcher Zeitung*

Philippe Jaccottet (Hg.) : *Die Lyrik der Romandie*
Eine zweisprachige Anthologie. Aus dem Französischen von Elisabeth Edl und Wolfgang Matz.
272 Seiten, gebunden
«Die Anthologie wird gleich mit ihrem Erscheinen zum unverzichtbaren Handbuch.»
Martin Zingg, *Neue Zürcher Zeitung*

Otto F. Walter: *Herr Tourel*
Roman. Mit einem Nachwort von Peter von Matt.
304 Seiten, gebunden
«Dieser Roman lebt von einer Intensität der Beschreibung und einer bezähmten Kraft der Sprache, die … bis heute keinerlei Patina angesetzt hat.» Jochen Schimmang, *Die Zeit*

Hermann Burger: *Schilten*
Schulbericht zuhanden der Inspektorenkonferenz. Roman.
Mit einem Nachwort von Thomas Strässle.
416 Seiten, gebunden
«Ein Genie, wie es im Buche steht.»
Helmut Böttiger, *Süddeutsche Zeitung*

Charles Ferdinand Ramuz: *Die große Angst in den Bergen*
Roman. Aus dem Französischen von Hanno Helbling.
Mit einem Nachwort von Beatrice von Matt.
192 Seiten, gebunden
«Eine der wichtigsten Wiederentdeckungen des Jahres. Ungeheuer dicht, ungeheuer gut geschnitten wird hier erzählt.»
Elmar Krekeler, *Die Welt*

Max Frisch: *Die Schwierigen oder J'adore ce qui me brûle*

Roman. Mit einem Nachwort von Lukas Bärfuss.
288 Seiten, gebunden
«Ein weitgespannter, großartiger Essay über die Vergeblichkeit.»
Fritz J. Raddatz, *Die Welt*

Blaise Cendrars: *Gold*

Die Geschichte des Generals Johann August Suter. Roman.
Aus dem Französischen von Yvan Goll.
Mit einem Nachwort von Dieter Meier.
152 Seiten, gebunden
«Höchste Zeit, dass dieser Autor, der zu den wenigen Großen der Schweiz gehört, dank der Kollektion endlich wieder neu entdeckt wird.» Stefan Zweifel, *Literaturclub*

Jeremias Gotthelf: *Wilde, wüste Geschichten*

Mit einem Nachwort von Peter von Matt.
256 Seiten, gebunden
«Jeremias Gotthelf, das weiß man nach dieser Lektüre, war ein Autor, der Abgründe genau erforschte.»
Katharina Döbler, *Deutschlandradio*

Corinna S. Bille: *Schwarze Erdbeeren*

Erzählungen. Aus dem Französischen von Marcel Schwander.
Mit einem Nachwort von Monique Schwitter.
176 Seiten, gebunden
«Weltliteratur aus dem Wallis. Ihr Werk sollte endlich auch über die Schweiz hinaus wahrgenommen werden.»
Jürg Altwegg, *Frankfurter Allgemeine Zeitung*

Albin Zollinger: *Gedichte*

Mit einem Nachwort von Manfred Papst.
144 Seiten, gebunden
«Siebenundachtzig einzigartig zeitlos schöne Gedichte mit und ohne Reim gilt es neu zu entdecken. Nichts wie ran!»
Matthias Ehlers, *WDR 5 Bücher*

Katharina von Arx: *Nehmt mich bitte mit*
Eine Weltreise per Anhalter.
Mit einem Nachwort von Martin Zingg.
272 Seiten, gebunden
«Katharina von Arx ist eine Pippi Langstrumpf mit der Geisteshaltung einer Simone de Beauvoir.»
Hannes Vollmuth, *Süddeutsche Zeitung*